NOUVEAUX

SOUVENIRS INTIMES

DU TEMPS

DE L'EMPIRE

PAR

EMILE MARCO DE SAINT-HILAIRE.

L'UN DES RÉDACTEURS DU *SIÈCLE*.

PARIS,

DUMONT, ÉDITEUR,

PALAIS-ROYAL, 88, AU SALON LITTÉRAIRE.

1840.

DEVANT SAINT-JEAN-D'ACRE.

C'était en 1838, par une belle et chaude matinée
de printemps. Le soleil colorait de ses rayons éclatans le dôme splendide de l'hôtel des Invalides ;
semblable au turban tissu d'or et de pierreries d'un
soudan, il apparaissait dans les airs comme un souvenir de gloire et d'honneur national. La coupole
retentissait alors de chants religieux et de prières
ardentes, car c'était l'heure où 5,000 braves mu-

tilés, adressaient au Dieu des armées un de ces sublimes cantiques du roi prophète qui célèbre la joie d'une nation guerrière.

Le *Te Deum* venait d'être chanté. Tous ces vieux soldats s'étaient levés en silence et se pressaient sous le porche du temple, lorsque tout-à-coup plusieurs berlines de voyage conduites par des postillons, apparurent au milieu de la cour et s'arrêtèrent devant eux :

— Ce sont les blessés de Constantine qui nous arrivent, dirent quelques voix.

Aussitôt, jeunes et vieux s'empressèrent d'aller au-devant de leurs nouveaux camarades, car en effet, c'étaient les blessés d'Afrique. Parmi eux on remarquait des visages basanés, des fronts nubiens, des statures arabes. Ces hommes avaient servi sous les drapeaux de la France, et la France, en tendre mère, les avait admis au

nombre de ses enfans, car leur sang avait coulé
pour elle.

— Mes amis, dit un officier supérieur de l'hôtel,
aux vieux braves groupés autour des voitures, ac-
cueillez les nouveaux venus, et que chacun de vous
leur fasse les honneurs de la maison, en servant de
guide à ceux que leurs blessures ou leur langage
mettraient hors d'état d'agir ou de se faire comprendre.

Cette invitation ne fut pas plutôt faite, qu'on vit
Français et Africains être enlevés en quelque sorte
de la place où ils étaient restés immobile : un ancien grenadier à cheval de la garde, s'emparait d'un
saphis, un carabinier prenait un zoave, un pon-
tonnier appelait un Turc ; il semblait que ces hommes se fussent déjà vus, et que le baptême de sang
qu'ils avaient reçu à des époques différentes, fut
pour eux un talisman qui égalisait l'âge, la situation et l'idiôme.

Un vieux sergent-major dont le torse encore robuste était supporté par deux jambes de bois, s'approcha d'un jeune soldat que le canon de Constantine avait privé de ses deux bras.

— Mon jeune camarade, lui dit-il, voulez-vous
m'accepter pour société et pour guide. Vous avez
de bonnes jambes et moi de bons bras, j'agirai
pour vous, vous marcherez pour moi ; de cette
façon, nous ferons à nous deux un homme complet ou peu s'en faut ?

— Vous êtes bien honnête, mon major, lui répondit le jeune soldat ; mais je ne sais si je puis
accepter votre proposition : je ne suis que fourrier.

— De fourrier à sergent-major il n'y a que la
main. Et quand même, que fait le grade à de pau-
vres estropiés comme nous !... Dans quelle arme
serviez-vous, mon jeune camarade ?

— Dans l'artillerie.

— Dans l'artillerie! reprit le sergent en se redressant avec fierté : elle était mon arme, à moi, avant que je n'entrasse dans les guides du général Bonaparte... Il y a long-temps de cela.

Ici Lemié (c'était le nom de l'invalide) fit un soupir et reprit aussitôt :

— Raison de plus pour que nous fassions ménage ensemble. A ce que je vois, le brutal des Constantinois vous a joué d'un tour, comme à moi celui des kinserlichs à Wagram?

— Hélas! oui, répondit le fourrier en soupirant à son tour.

— Oui, reprit Lemié en secouant la tête tristement, et en se dirigeant vers la cantine de l'hôtel, à vous un peu plus haut, à moi un peu plus bas ; mais c'est toujours la même chose pour changer. Allons, jeune homme, pas de tristesse, point de mélancolie; vous êtes ici avec de purs frères, des amis; il faut prendre le temps comme il vient et les boulets pour ce qu'ils valent, quand on ne peut pas faire différemment. Je sais bien qu'à votre âge, et avec l'instruction que possède maintenant un sous-officier un peu soigné, on croit pouvoir espérer le bâton de maréchal... Mais bast! ce diable de bâton est promis à tout le monde, et n'est jamais donné à personne. L'époque est passée où on pouvait encore en ramasser un par-ci, par-là ; c'était du temps de l'*autre !...* Mais, chut! ne parlons pas des absens, et, croyez-moi, jeune homme, quand vous vous serez un peu familiarisé avec votre infirmité, vous vous estimerez aussi heureux que les maréchaux de l'empire qui sont morts et enterrés. N'avez-vous pas les mêmes droits qu'eux au respect de la patrie? N'aurons-nous pas un jour la même terre pour y reposer indéfiniment?

— Oh ! ce n'est pas l'ambition qui provoque mes regrets, reprit le fourrier d'un air contrit ; non, ce n'est pas cela.

— Alors c'est autre chose. Est-ce que par hasard ce serait un sentiment quelconque?

— Vous l'avez dit, major : imaginez-vous qu'avant d'entrer au service, j'aimais une jeune fille de mon pays. En partant, elle me promit fidélité à toute épreuve, et...

— Elle a oublié ses sermens, interrompit l'invalide. C'est toujours ainsi cela ; je connais cela, moi !

— Non, sergent, vous ne comprenez pas ; c'est le contraire : c'est moi qui veux oublier les miens.

— Par ramification, n'est-ce pas ?

— C'est-à-dire que je veux me faire passer pour mort, afin de ne pas la forcer à m'épouser.

— Vous avez raison, jeune homme; je n'y comprends rien du tout, mais c'est égal, continuez : je vous écoute avec satisfaction.

—Eh ! que voulez-vous faire d'une femme quand

on n'a plus de bras ! reprit le jeune soldat avec une impatience mêlée d'amertume.

— Au fait, les bras sont de première nécessité dans le mariage, car, sans cela, on ne peut pas, comme on dit, donner la main à son épouse ; mais n'avez-vous pas un cœur?.. une femme doit se trouver heureuse d'avoir pour époux un homme dont le sang a coulé pour la patrie ; c'est un brevet d'honneur. Je veux que vous vous mariiez, jeune homme, ajouta Lemié d'un ton jovial, je veux danser à votre noce un pas totalement inconnu à ceux même qui ont des jambes naturelles.

— Mais si Louise allait me refuser?

— Si elle vous refuse ; c'est différent ; il faudra vous en consoler, parce qu'alors ça prouvera qu'elle ne vous a jamais aimé, ou du moins qu'elle ne vous aime plus, et puis voilà.

— Vous êtes bien heureux, major, de prendre

les choses en riant, moi, cela m'est impossible.

— Vous deviendrez comme moi, et vous raisonne
rez de même que moi, mon jeune camarade, quand
on a toujours fait son devoir en homme de cœur,
qu'on s'est toujours comporté en brave envers ses
chefs et ses inférieurs, on dort tranquille et on jase
gaîment. Il y a tout-à-l'heure vingt-huit ans que
j'ai été admis à l'Hôtel ; eh bien ! je n'ai pas eu un
seul jour à regretter d'y être resté. Me voilà avec
mes deux jambes de bois et mes deux galons. Malgré cela, je dis comme cet autre : honneur à la
France et gloire à Dieu ! Buvons?..

— Major, vous devriez bien me conter, pour
me distraire, l'événement qui vous a privé de vos
deux jambes?

— J'aime mieux vous raconter en détail le siège
de Saint-Jean-d'Acre où j'ai assisté en personne
tandis que j'étais aux guides, parce qu'il a dû y
avoir indubitablement quelque connivence avec ce-

lui de Constantine où vous étiez : mêmes hommes,
par conséquent même jeu.

— Est-ce qu'il a été plus meurtrier? demanda
curieusement le jeune soldat.

— Plus meurtrier et plus fameux ! répéta Lemié.
Ah! je le crois bien, puisqu'on l'avait fait faire tout
exprès : vous allez voir.

Et après avoir fait remplir de nouveau leurs
verres, le vieux soldat commença de cette façon le
récit du siège de Saint-Jean-d'Acre, que nous avons
cru devoir modifier un peu pour la plus grande
intelligence des faits.

« Si Saint-Jean-d'Acre était tombé, a dit Napoléon à Sainte-Hélène, j'eusse changé la face du
monde!.. » Puis, après un moment d'amères ré-
flexions, il ajouta : « Le sort de l'Orient était tout
entier dans cette bicoque. »

Dans cette marche si rapide sur Saint-Jean-
d'Acre, qui commença le 14 mars 1799, toujours
en côtoyant la mer, l'armée n'eut ni de grands

triomphes à enregistrer, ni de nombreux obstacles
à vaincre, comme on s'est plu à le dire dans quelques relations que j'ai lues depuis : tout se borna
à une échauffourée du général Lannes, qui, malgré
les ordres contraires du général en chef, s'obstina
à poursuivre une troupe de montagnards dans les
gorges de Naplouse. En se retirant, Lannes trouva
une partie de ces hordes à demi sauvages embus-
quées sur des rochers dont elles seules connaissaient les détours, et d'où elles tiraient presque à
bout portant sur sa troupe, sans qu'elle pût ni ri-
poster, ni même se défendre. Tout le temps que
cette folle expédition dura, Bonaparte, qui enten-
dait la fusillade, témoigna une impatience extrême :
sa mauvaise humeur, cette fois, était assez légi-
time. Enfin les Naplousins s'étant arrêtés au débouché de la montagne, Lannes reparut, et le
général en chef, après lui avoir adressé de vifs re-
proches, lui dit, entre autres choses :

— Pourquoi s'aventurer ainsi sans utilité? Pourquoi faire sacrifier sans but de braves gens? Cela n'a pas le sens commun : je te reconnais bien là !

— Mais, citoyen général, ces parpaillots m'ont bravé.

— Eh bien! qu'est-ce que cela fait?

— J'ai voulu les corriger et leur faire voir...

— Ton dos (interrompit vivement Bonaparte, en se servant d'un mot moins décent). Est-ce que nous sommes en état de faire de pareilles bravades?

— Mais encore une fois, citoyen général, reprit Lannes, un peu piqué de l'expression, j'ai voulu leur prouver que nous n'étions pas des soldats du pape, nous! et que nous n'avions pas peur de nous faire tuer.

—Belle avance! s'exclama Bonaparte. Eh fichtre! je le sais bien, que tu n'as pas peur : tu n'as pas besoin de preuves, toi ! N'en parlons plus.

Ces derniers mots, dits par le général en chef d'un ton qui indiquait assez qu'il voulait être obéi, mirent fin à la discussion.

Zéta, où nous couchâmes le 16, n'offrit aucune ressource. Tandis qu'on dressait les tentes, Bonaparte parut intrigué d'entendre en mer une canonnade qui semblait assez vive.

— Encore ! fit-il avec un mouvement d'impatience ; et, comme je me trouvais à l'entrée de sa tente, il me dit :

— Lemié, monte à cheval tandis qu'il fait encore jour, et cours jusqu'au rivage voir ce que c'est que cette musique.

Avec un homme comme Napoléon, il fallait que les ordres qu'il donnait fussent exécutés aussi vite que la pensée. En peu de temps j'eus franchi l'espace qui nous séparait de la mer ; mais à mesure que je m'approchais du rivage, le bruit s'éloignait, et lorsque j'arrivai, je ne vis rien qu'un ciel de feu et une mer tranquille qui avait rejeté des cadavres sur la plage. Craignant que cette canonnade ne fût l'annonce d'un triste événement, à mon retour j'eus la hardiesse de le dire à Bonaparte, qui en haussa les épaules, et me répondit d'un ton sec, en me tournant le dos brusquement :

— M. Lemié, je vous engage à aller faire boire votre cheval.

Bien que le général en chef se rendît familier avec la plupart de ses soldats, ceux surtout qui avaient fait avec lui les dernières campagnes d'Italie, cela ne l'empêchait pas de rappeler sévèrement à l'ordre ceux même de ses guides qui ne savaient pas être circonspects ; mais cette familiarité avait quelque chose de digne, qui faisait qu'ils étaient fiers et heureux lorsque Bonaparte leur adressait la parole, ne fût-ce même que pour faire un léger

reproche : car, dans ce cas, c'était encore une marque d'intérêt. Je sentis parfaitement que j'avais ou-
trepassé ma mission en me permettant d'émettre
mon avis, quoique malheureusement je ne me
trompasse pas. Je me tins donc pour averti, et prenant mon cheval par la bride, j'allai sans mot dire
à notre bivouac, où je profitai, pour mon propre
compte, de la recommandation que le général en
chef n'avait faite que pour ma monture.

En entrant en Syrie, Napoléon, dont la prévoyance embrassait toutes les difficultés, avait donné
l'ordre au général de brigade Marmont de lui ex-
pédier par quelques bricks les munitions de guerre
dont il avait besoin pour le siège. La fatalité voulut que ce petit convoi, commandé par un certain
capitaine Stendeley, tombât au pouvoir des Anglais. Il fallut songer à faire le siège de la place
avec les seuls moyens qu'offraient l'artillerie et les
munitions que nous avions emportées avec nous.
Telle avait été la cause de la canonnade entendue
l'avant-veille.

Le 18, l'armée arriva devant Saint-Jean-d'Acre, et commença d'établir son camp au nord de la ville. Le général en chef se posta pendant plusieurs heures sur une petite hauteur qui domine cette grande cité, à mille toises environ de distance. L'ennemi, qui aperçut l'état-major, sans attendre au lendemain, essaya sur lui l'habileté de ses canonniers. Les bombes furent lancées si juste qu'une d'elles s'enterra à trois pas de Bonaparte, entre deux de ses aides-de-camp, le capitaine Merlin et notre commandant Eugène Beauharnais.

—Pas trop mal pointé, dit le général en souriant: il semblerait que ces gaillards-là ont été à notre école.

Il ne croyait pas si bien dire, comme on le verra bientôt. Mais à peine nous étions-nous éloignés de quelques pas, qu'une autre bombe alla tomber, en crevant à un pied de terre, au milieu d'un groupe de soldats tranquillement assis sur l'herbe et occupés à préparer leur déjeûner ; de onze qu'ils étaient, pas un seul ne survécut.

Saint-Jean-d'Acre est située à la pointe d'une langue de terre fortifiée du côté de la mer par des batteries de gros calibre, et par un pharillon que protégeaient aussi plusieurs pièces de canon. L'enceinte du côté de la terre se composait d'une haute muraille coupée par une tour chargée de pièces d'artillerie de tout calibre. Cette tour était appelée à juste titre la *Tour maudite*. De petits jardins entouraient la place dans une assez grande étendue, et comme ils étaient tous formés par des cactus et de ces hautes plantes si communes en Égypte, on eut assez de peine, lorsqu'on voulut reconnaître les abords de la place, à repousser ,les tirailleurs turcs qui, à notre arrivée, s'étaient embusqués derrière ces espèces de palissades mouvantes, et n'avaient cessé de tirer sur nous et de nous harceler.

Après avoir battu cette tour saillante pendant plusieurs jours, elle se trouva être percée, et la brèche parut assez considérable pour que l'on crût possible d'y loger quelques mineurs avec un officier d'état-major. Les troupes s'ébranlèrent pour s'élancer au pied de la tour; mais elles se trouvèrent brusquement arrêtées par un fossé de quinze pieds de largeur sur dix de hauteur, revêtu d'une bonne contrescarpe, et auquel, chose incroyable, personne n'avait songé jusqu'alors. Il fallut donc faire sauter cet ouvrage; et le jeune de Mailly de Château-Renaud, un des officiers d'état-major de l'adjudant-général Berthier, fut chargé de pénétrer dans la tour maudite; une douzaine de mineurs s'y logèrent avec lui, afin de travailler à la percer, en attendant que l'infanterie pût se rendre maîtresse du fossé. L'intrépide jeune homme et ses douze soldats exécutèrent parfaitement leur mission; mais l'ennemi fit un feu tellement vif et si bien soutenu sur nos troupes, que celles-ci se virent obligées d'abandonner le fossé, et le brave de Mailly avec ses mineurs furent étranglés pendant la nuit.

Déjà précédemment, et avant que nous fussions

arrivés devant la place, le frère aîné du malheureux de Mailly avait été envoyé par Bonaparte à
Saint-Jean-d'Acre, porteur de paroles de paix à
Djezzar pacha. A son arrivée, ce jeune homme
avait été traité comme prisonnier de guerre, et
provisoirement enfermé dans le pharillon de la
place avec deux cents chrétiens que le féroce pacha
avait fait ramasser sur les côtes de Syrie. Le lendemain du non-succès de ce premier assaut, des soldats de tranchée avertirent le général Vial, qui était
de service, que l'on voyait sur le bord de la mer
beaucoup de cadavres auxquels on avait coupé la
tête. C'était le complément des massacres exercés
par les Turcs. Vial reconnut parmi eux les corps
des deux de Mailly : ainsi les deux frères avaient été
égorgés ensemble, au même moment, et peut-être
sans avoir eu la consolation de s'embrasser avant
de mourir.

Lorsque le général en chef eut connaissance de
ce nouveau trait de cruauté de Djezzar (ce nom

signifie *le boucher*), il serra convulsivement les
poings, et articula les mots de *barbares* et de *sauvages;* puis ordonna que les derniers devoirs fussent rendus à ces victimes d'une guerre d'extermi-
nation.

Toutes les dispositions, tous les ouvrages relatifs
à un siège en règle furent faits, je dois l'avouer,
avec cette légèreté et cette insouciance qu'inspire
toujours une trop grande confiance dans le succès.
Les boyaux de tranchée avaient à peine trois pieds
de profondeur; de sorte que beaucoup de soldats,
n'étant pas assez couverts, furent victimes de ce
peu de prévoyance. Un matin que le général Kléber
se promenait dans les lignes du camp avec Eugène
Beauharnais, qu'en sa qualité de capitaine commandant des guides, quelques-uns des nôtres devaient toujours escorter, je l'entendis témoigner
tout haut sa surprise et son mécontentement de ce
que les tranchées n'étaient pas plus avancées et surtout plus profondes.

— Regarde donc, blondin, disait-il à Eugène, sa b..... de tranchée ne me va qu'aux genoux.

Kléber aimait Eugène comme on aime un fils, ou plutôt comme on aime sa mère : car il avait pour lui une foule de petits soins et de ces attentions délicates qu'on ne réserve guère que pour les femmes. Le fils de Joséphine était encore très jeune (il avait à peine 19 ans), et, en l'appelant *blondin*, il faisait allusion à sa magnifique chevelure blonde et soyeuse; mais, à peine le général avait-il fini de parler, qu'une balle, tirée de la Tour maudite, lui enlève l'oreille de chien d'une de ses bottes à revers, et casse la cuisse au guide qui se trouvait presqu'à côté de lui. Par un mouvement aussi prompt que l'éclair, Kléber s'était jeté au-devant d'Eugène, et avait étendu les bras comme pour lui faire un rempart de son corps ; puis il avait tourné la tête du côté du blessé. et avait dit froidement à notre commandant :

— Eh bien ! blondin, n'avais-je pas raison?

Cette action, ces paroles, ce geste de Kléber op-
posant sa poitrine aux coups de l'ennemi pour pré-
server les jours de son jeune ami, me semblèrent
sublimes ; et il faut que cela soit, car dans la suite,
le prince Eugène ne pouvait rappeler ce trait sans
qu'aussitôt on ne vît des larmes rouler dans ses
yeux.

Les Turcs sont des soldats merveilleux derrière
une muraille ; ceux de Saint-Jean-d'Acre le prou-
vèrent pendant tout le siège. Il était presque impossible de se montrer à découvert sans être atteint,
n'importe à quelle distance l'on se trouvât. Leurs
tireurs, la plupart Albanais, plaçaient des pierres
les unes sur les autres au-dessus des murs, puis,
dans ces espèces de meurtrières ils passaient leurs
fusils, plus longs que des canardières, et tiraient
sur tout ce qui s'offrait à leur vue avec une désespé-
rante justesse. Qu'on ajoute à cela qu'ils étaient sous
le commandement de deux Français émigrés. spé-
cialement chargés de la défense de la place : Phé-

lippeau, ingénieur d'un rare mérite, ancien condisciple de Napoléon à l'école de Brienne, et Tromelin, officier d'artillerie très distingué. On comprendra facilement l'étonnement que dut éprouver le général en chef à la vue de l'ellipse des premières bombes avec lesquelles ils saluèrent notre arrivée ; en outre ils nous envoyaient nos propres boulets que sir Sydney-Smith nous avait rafllés. Ce fut ainsi que le général Caffarelli, commandant le génie de l'armée, fut atteint d'une balle au coude gauche. Il fallut lui couper le bras; déjà il avait perdu une jambe pendant la retraite de Jourdan.

Cependant l'artillerie de campagne était trop faible pour détruire la fameuse tour. On eut recours à la mine. Tandis qu'on y travaillait avec beaucoup d'activité et de secret, des grenadiers et des sapeurs essayèrent de s'y loger ; la portion qui regardait la ville restait occupée par les assiégés, qui ne cessaient de faire pleuvoir sur nos troupes une grêle de projectiles. Mais le transfuge Phélippeau devina bientôt nos travaux de mine, et s'appliqua à éventer celle que nous conduisions sous le fossé : pour cela il fit faire une sortie générale, et cette fois, avec une violence si brusque, qu'une partie de nos boyaux de tranchée fut enlevée. La colonne ennemie était commandée par des officiers anglais bien instruits, car l'un d'eux arriva jusqu'à l'entrée de la mine, où il fut tué. Les papiers qu'on trouva sur lui nous apprirent que c'était le capitaine Haldfield. Sa mort fit hésiter la troupe qu'il commandait : attaquée avec énergie, elle regagna la place, en laissant derrière elle beaucoup de morts.

L'affaire du 6 avril fut encore plus meurtrière que les précédentes, quoique sans succès. Au lever du soleil, l'ennemi offrit à nos regards un hideux spectacle : il avait planté sur les remparts de la Tour maudite une demi-douzaine de lances; à la pointe de chacune d'elles était la tête fraîchement coupée d'un des nôtres. Nous les reconnûmes facilement à la longueur des queues et des tresses

dont elles étaient encore ornées, et que, par un raf-
finement de barbarie inimaginable, les maugrabins
qui les avaient faits prisonniers s'étaient bien gar-
dés d'enlever, pour que nous pussions les reconnaître plus facilement. A cette vue, l'irritation des
soldats fut à son comble ; l'assaut fut bientôt ordonné, et, pendant cinq heures consécutives, quatre cents hommes restèrent sur la brèche sans pouvoir traverser le fossé qui les séparait de la place.
L'ennemi, établi sur le revers de ce fossé, ne ces-
sait de mitrailler cette masse compacte, qui ne pouvait pas avancer, et qui cependant ne voulait pas
reculer. Enfin la chute du jour vint mettre un
terme à cet affreux carnage en nous faisant abandonner la position.

Dans cette journée, nous fîmes des pertes immenses, surtout parmi les officiers du génie. Le général
Caffarelli, qui, d'abord, avait laissé quelque espoir
de guérison, demandait à chaque instant pourquoi
ses camarades ne venaient plus le voir. Quoi qu'on

fît pour dissimuler la triste nouvelle de leur mort,
l'inquiétude et le chagrin augmentaient sa maladie.
Il me disait, chaque fois que j'allais m'informer de
sa santé de la part du général en chef :

— Mon cher Lemié, si je laisse mes os ici, une
seule chose me fera peine : ce sera de voir tous ces
braves jeunes gens, pleins d'espérance et d'avenir,
comme toi, périr sans gloire devant une misérable
bicoque, et savoir que c'est moi seul qui les aurai sé-
duits et entraînés à leur perte.

— Citoyen général, lui disais-je, vous retourne-
rez avec nous en France, lorsque le citoyen général
en chef aura conquis l'Égypte, ce qui, j'espère, sera
bientôt fait.

Je ne pensais pas un mot de ce que je disais là :
car, plus que personne, j'étais persuadé que, tôt ou
tard, si mon corps ne servait pas de pâture aux
crocodiles du Nil, ma tête, comme celles de mes
infortunés compagnons, irait figurer au bout d'une
pique sur les créneaux de la Tour maudite.

Malheureusement Caffarelli ne vécut pas long-temps. La perte du jeune Say, son chef d'état-major, qu'on ne put lui cacher, le jeta dans un abattement complet, et la veille de sa mort il me dit :

— Lemié, puisque je n'ai personne que toi, lis-moi donc les premières pages de ce volume qui est là sur mon porte-manteau ; cela t'amusera.

Je pris le livre, et je commençai à lire à haute voix : c'était la préface de Voltaire à *l'Esprit des lois ;* mais, à peine avais-je tourné le second feuillet, que le général s'était assoupi. J'allai retrouver Bonaparte, qui m'avait envoyé vers lui.

— Comment va Caffarelli ? me demanda-t-il vivement dès qu'il m'aperçut.

— Citoyen général en chef, je crois que sa fin approche ; cependant le citoyen général m'a de-

mandé de lui lire la préface de M. de Voltaire à
l'*Esprit des lois* du citoyen Montesquieu.

— Eh bien?

— Eh bien! citoyen général en chef, il s'est endormi aussitôt.

— Et toi aussi, n'est-ce pas? reprit Bonaparte
d'un ton goguenard. C'est drôle! vouloir entendre
cette préface avant de mourir! Je le reconnais bien
là. Je vais aller le voir.

Il se rendit effectivement à sa tente. Mais le moribond dormait; il ne voulut pas interrompre son
repos. La même nuit, Caffarelli rendit le dernier
soupir, et cette mort excita les regrets de toute
l'armée.

Le même jour que Caffarelli avait eu le coude
fracassé, l'aide-de-camp Duroc, chef de brigade,
avait été envoyé, une heure auparavant, pour

juger du progrès de la brèche. Un obus, qui éclata presque entre ses jambes, lui fit au gras de la cuisse droite une blessure si profonde qu'il en resta estropié toute sa vie. En sa qualité de premier aide-de-camp du général en chef, je lui avais arrangé, avec quelques planches, une espèce de lit de camp que j'avais couvert d'herbes sèches. J'allais le voir assez souvent, dans la crainte qu'il n'eût besoin de quelque chose. En entrant un matin dans sa tente, je le trouvai dormant d'un profond sommeil. L'excessive chaleur l'avait forcé de se débarrasser de ses vêtemens ; une partie de sa plaie, qu'on lui avait prescrit de laisser sécher était à découvert. J'aperçus tout à coup un petit scorpion qui était grimpé par le pied du lit, et qui se dirigeait lentement sur la blessure de Duroc. J'enlevai avec vivacité l'insecte, mais pas assez adroitement pour que le malade ne s'éveillât; aussi me dit-il avec beaucoup d'humeur :

—Pourquoi m'as-tu réveillé? Je n'ai pas besoin de toi ; va-t'en.

— Citoyen chef de brigade, lui répondis-je, n'osant l'effrayer en lui disant la vérité, une puce énorme était sautée sur vous; elle allait vous mordre.

— Eh parbleu! reprit-il plus vivement encore, n'avais-tu pas peur qu'elle ne m'avalât? Allons! va-t'en, te dis-je, et qu'on me laisse en repos.

En sortant de sa tente, mes yeux rencontrèrent par hasard le maudit scorpion qui venait de m'attirer ce rudoiement pour avoir fait une action charitable : j'écrasai l'insecte du talon de ma botte, avec plus de rage et de jouissance peut-être, que je n'en eusse mis à plonger mon sabre dans la gorge d'un Mameluck.

Déjà l'armée avait donné douze assauts à la place, et avait supporté vingt-six sorties. Une nouvelle mine avait été pratiquée, on était prêt d'arriver au point où elle devait être chargée, lorsque l'ennemi l'éventa encore. Enfin nos batteries ayant détruit une grande partie de la courtine, qui présentait un large espace pour monter à l'assaut, les grenadiers de la division Kléber furent chargés de cette honorable et périlleuse mission. Ceux-ci pénétrèrent dans la ville; mais là ils trouvèrent de nouveaux obstacles et un feu encore plus nourri que ceux qu'ils avaient eus à essuyer jusqu'alors. Les plus braves y périrent; il fallut ramener les troupes dans les tranchées.

Le général en chef hésitait à donner le quatorzième assaut; mais les grenadiers et la plupart des officiers le pressèrent avec tant d'instances de les laisser remonter encore une fois, que Bonaparte, après avoir fait élargir la brèche, leur permit de se lancer de nouveau.

Alors Kléber se plaça sur le revers du fossé, et là, le sabre à la main, d'une voix de Stentor, il animait les troupes au milieu des morts et des mourans.

En voyant cette grande figure qui dépassait les

soldats de toute la tête, cette chevelure ruisselant sur ses larges épaules, cette taille athlétique, je ne pus m'empêcher de le comparer à un des héros d'Homère. Le bruit et la fumée du canon, les cris des soldats, les hurlemens des Turcs, toutes ces troupes se précipitant sur l'ennemi, faisaient battre le cœur d'enthousiasme et de rage. Personne ne doutait que la ville ne fût à nous, lorsque tout à coup la colonne s'arrêta. Le général en chef s'était établi dans la batterie de brèche pour examiner le mouvement de l'armée, il avait placé sa lunette entre les fascines de la batterie, lorsqu'un boulet parti de la place vint frapper la fascine supérieure. Bonaparte tomba dans les bras de Berthier. Nous le crûmes mort ; heureusement il n'avait point été frappé : ce n'était qu'un effet de la commotion de l'air. En vain le général Berthier l'engagea-t-il à se retirer, il ne reçut qu'une de ces réponses dures et sèches qui ne permettent à personne d'insister. Tandis que j'observais cette singulière absence de tout mouvement de la part des troupes, une balle vint traverser la tête du jeune Arrighi, qui était placé entre le général en chef et moi. Deux de mes camarades furent tués presque aussitôt après, sans qu'il fût possible d'éloigner Bonaparte.

Dans l'intervalle des deux assauts, l'ennemi avait rempli le fossé de toutes sortes de matières inflammables, et des décharges furieuses et répétées tuaient tout ce qui se présentait devant lui. Ce fossé était trop large pour être traversé; il n'y avait pas moyen de le tourner, et nos soldats, devant cet obstacle insurmontable, furieux de ne pouvoir avancer, s'obstinèrent cependant à ne pas vouloir s'éloigner. Là, furent tués plusieurs généraux, une foule d'officiers et un nombre considérable de soldats. Nous eûmes à regretter, entre autres, le général de division Bon et l'adjudant-général Fouler.

Dans une situation aussi grave, les efforts de la plus téméraire valeur durent céder à l'opiniâtre résistance des assiégés. Il ne restait à Bonaparte aucune chance de mener son opération à bonne fin;

il ne pouvait, au contraire, que risquer de perdre le reste de son armée : la disette s'était déjà fait sentir parmi nous, et, pour comble de malheur, la peste se mit dans le camp. Le général en chef ne crut donc pouvoir rien faire de mieux que de lever le siège et de retourner au Caire.

— Et voilà, ajouta Lemié en terminant son récit et en frappant de son poing fermé sur la table, les raisons pour lesquelles nous n'avons pas pris Saint-Jean-d'Acre et j'ai deux jambes de bois ; car si j'avais été tué à la dernière attaque, je ne serais pas aujourd'hui à l'Hôtel-des-Invalides.

— C'est juste, major, fit le jeune soldat en se réveillant en sursaut, car, accablé de fatigues qu'il était en arrivant, il s'était profondément endormi dès le commencement du récit de l'invalide, sans même que celui-ci s'en aperçût.

LA MACHINE INFERNALE.

I

La fortune venait de combler Napoléon de toutes
ses faveurs, dans les champs de Marengo. Ce triomphe subit, tout en paralysant les trames ourdies
par l'Angleterre, n'avait cependant pas détruit les
espérances qu'avait conçues Georges Cadoudal de
se défaire du premier consul, d'une manière ou
d'une autre.

Instruit par ses affidés de la Capitale, de l'irritation et des complots renaissans du parti populaire, il envoya à Paris, vers les premiers jours d'octobre 1800, ses officiers les plus dévoués, tels que Saint-Régent, Limolan, Joyaux, Lahaye, Saint-Hilaire, etc. avec le plan d'une machine infernale qu'il avait su dérober aux Jacobins, persuadé que l'exécution du crime serait imputée à ceux-ci et non aux royalistes qui se trouveraient en mesure d'en recueillir le fruit. Cette combinaison était habile, dans la disposition où se trouvaient les esprits. Une circonstance se présenta qui parut favorable pour consommer l'attentat avec une grande probabilité de succès: les conjurés se hâtèrent d'en profiter.

Le mercredi 3 nivôse an 9 (24 décembre 1800), on devait donner à l'Opéra (alors *Théâtre des Arts et de la République*), le grand oratorio, de la *Création*, d'Haydn. Les gazettes avaient annoncé deux jours auparavant que le premier consul assisterait à cette représentation avec madame Bonaparte et

tout ce qui composait cette cour naissante. La haine
que les conjurés portaient au chef du gouvernement
consulaire était telle, qu'ils délibérèrent s'il ne serait
pas plus sûr de pratiquer leur machine infernale
dans les fondations même de la salle de spectacle, de
manière à faire sauter du même coup Bonaparte, sa
famille, et l'élite du gouvernement; mais on s'arrêta au projet de l'officier de marine Saint-Régent,
qui, aidé du subalterne Cambon, connu sous le
nom du *petit François*, avait proposé de placer la
machine dans la rue Saint-Nicaise où devait infailliblement passer Bonaparte, et d'y mettre le feu à
temps pour le faire sauter dans sa voiture.

La veille de l'attentat, on fit parvenir au premier
consul un billet anonyme dans lequel on le préve-
nait que le lendemain on devait attenter à ses jours;
mais on ne lui donnait aucun autre détail. D'a-
bord, Napoléon n'y ajouta pas foi; cependant,
avant la fin de la journée, il se ravisa et envoya l'a-
vis mystérieux au ministre de la police, en disant

— Ceci regarde Fouché. Mon devoir à moi est d'aller au théâtre, j'y suis attendu avec ma femme ; son devoir à lui, (Fouché) est de veiller à la conservation de mes jours et à la sûreté de ceux qui seront au spectacle avec moi.

Dans l'après-midi du lendemain il parut hésiter, mais sur le rapport de la contre-police qui s'exerçait au château, que la salle de l'Opéra avait été visitée et que toutes les mesures de précaution avaient été prises :

— J'irai, dit-il. Quand même il n'est pas si facile qu'on le croit de m'assassiner.

En effet, il partit des Tuileries à huit heures du soir accompagné de son piquet de garde, et ayant avec lui dans sa voiture, les généraux Berthier, Lannes et son aide-de-camp Lauriston. Arrivé à la rue Saint-Nicaise, une mauvaise charrette attelée d'un petit cheval, se trouvait placée de manière à embarrasser le passage. Son cocher eut l'adresse de l'éviter, mais quelques secondes après, une explosion terrible cassa les glaces de la voiture, atteignit le cheval du dernier homme de piquet, tua huit personnes, en blessa une trentaine plus ou moins grièvement, et fit à quarante-six maisons des dommages évalués à **200,000** francs.

Napoléon s'arrêta un moment pour avoir quelques détails; puis il continua son chemin et arriva à l'Opéra.

— Vous ne savez pas, dit-il avec calme à ceux qui se pressaient autour de lui dans sa loge, que ces b... de *jacobins* ont voulu me faire sauter.

Mais ce calme de Napoléon n'était qu'apparent, il couvait un orage qui éclata le soir même, à sa rentrée aux Tuileries, par des mots foudroyans et des menaces terribles.

Quoiqu'il n'existât encore de charges contre personne et qu'on ignorât complétement le parti auquel

appartenaient les coupables, Napoléon n'en répéta
pas moins avec une nouvelle violence ce qu'il avait dit
déjà des jacobins, en les désignant positivement ;
Et, s'il est vrai, comme on le dit proverbialement,
qu'on ne prête qu'aux riches, il était excusable
cette fois en leur attribuant un crime de plus.

Le lendemain, des députations du conseil d'État,
du sénat, du corps législatif et du tribunat, accou-
rurent aux Tuileries pour féliciter le premier consul de ce qu'il avait échappé au danger, et pour l'inviter en même temps à sévir contre les auteurs de
cet attentat.

Boulay de la Meurthe, qui porta la parole un des
derniers au nom du conseil-d'État, termina son
discours en disant :

« Il est temps enfin, citoyen premier consul, de
satisfaire au vœu national en prenant toutes les mesures nécessaires au maintien de l'ordre public. »

Napoléon lui répondit :

—Oui, citoyens, *je prendrai des mesures* contre les *septembriseurs*!... Tant que cette poignée de brigands m'a attaqué directement, j'ai dû laisser aux lois le soin de les punir; mais puisqu'ils viennent, par un crime sans exemple, de mettre en danger une partie de la population et de la cité, le châtiment que je leur réserve sera aussi prompt qu'exemplaire... Ces misérables n'ont jamais fait que calomnier la liberté à cause des crimes qu'ils ont commis en son nom. Je vais les mettre dans l'impossibilité de faire désormais aucun mal.

Il faudrait avoir vu la figure de Bonaparte, son geste toujours rare, mais expressif, pour se faire une idée de la manière avec laquelle il prononça ces paroles.

Les députations s'étant retirées, il ne restait plus dans le salon de la Paix, où elles avaient été reçues, que quelques conseillers intimes et les ministres de l'intérieur et de la police. Ce dernier essayait de prouver à son collègue (Lucien Bonaparte) que les royalistes émigrés aidés de l'Angleterre, avaient seuls ourdi et exécuté le complot, lorsque Napoléon qui avait accompagné Boulay de la Meurthe jusqu'à la porte en discutant avec lui, revint sur ses pas, et s'adressant à Fouché qu'il avait écouté un moment, l'interrompit en lui disant avec vivacité :

— Allons donc, vous ne ferez prendre le change ni à mon frère ni à moi ; il n'y a dans cette affaire ni nobles. ni chouans, ni prêtres; il n'y a que des septembriseurs, des scélérats couverts de crimes et qui sont en conspiration permanente, en révolte ouverte, en *bataillon carré*, si vous l'aimez mieux, contre tous les gouvernemens qui se sont succédés depuis le commencement de la révolution. Ce sont de prétendus patriotes renforcés, des peintres, des sculpteurs, de misérables histrions * qui ont l'imagination ardente et un peu plus d'instruction que

---

* Napoléon faisait allusion au complot Ceracchi, Arena, etc., qui avait eu lieu trois mois auparavant, et dans lequel un obscur chanteur des chœurs de l'Opéra, nommé Floridor, avait été impliqué ainsi qu'un maître de danse.

(L'Éditeur.)

le peuple avec lequel ils vivent, et sur lequel ils exercent une sorte d'influence lorsqu'ils sont ensemble au cabaret. Ce sont les instrumens des journées de Versailles, de septembre, du 31 mai, de prairial; que sais-je encore!... Oh! oh! je les connais!...

Ceux des conseillers-d'état qui étaient présens, abondèrent dans cette opinion et ne se gênèrent pas pour attaquer ouvertement Fouché, qui, du reste, était généralement détesté par eux. Quant à lui, dès qu'il avait entendu toutes ces déclamations, il s'était retiré sans affectation dans l'embrâsure d'une croisée, et là, seul, le visage affreusement pâle, il ne disait rien : on le regardait déjà comme perdu. Un des conseillers-d'état qui avait le moins vociféré contre le ministre de la police en eut pitié et s'approchant de lui :

— Qu'est-ce que tout cela signifie? lui demanda-t-il. pourquoi ne vous défendez-vous pas?

— Laissez-les dire, répondit-il avec un sourire forcé, je ne veux compromettre ni la sûreté de l'E-tat, ni personne..... je parlerai quand il en sera temps..... rira bien qui rira le dernier.

— Il nous faut absolument trouver un moyen de faire prompte justice des auteurs et des complices de l'attentat d'hier, dit Napoléon à ceux qui l'entou-raient. Les sections de législation et de l'intérieur se réuniront aujourd'hui même, à deux heures, pour délibérer; je les ai fait convoquer à cet effet. Depuis plusieurs jours, nous nous occupons de *tri-bunaux spéciaux* pour distraire de la juridiction ordinaire ceux qui attaquent et pillent les diligences sur les grandes routes, ces brigands connus sous le nom de *chauffeurs,* qui désolent les campagnes. Je suis d'avis qu'il suffit d'ajouter un article au projet pour attribuer aux mêmes tribunaux la connais-sance des crimes contre l'Etat.

—Je pense comme vous, citoyen premier consul,

dit un des conseillers-d'Etat, il ne faut pas faire une loi dans cette circonstance, il vaut mieux fondre le tout dans le projet sur les tribunaux spéciaux.

— Tout le monde ne sera pas de cet avis, dit une voix derrière le groupe.

— Si l'on ne le veut pas, répliqua vivement Napoléon, je trouverai bien le moyen de faire juger les scélérats par une commission militaire.

Au même instant le préfet de police Dubois entra dans la galerie et s'avança vers le premier consul, qui lui dit dès qu'il l'eût aperçu :

— Je serais bien malheureux si, dans cette circonstance, j'avais été préfet de police.

—Citoyen premier consul, répondit Dubois avec beaucoup de calme, une bonne police consiste à maintenir la sûreté et la tranquillité publique, à prévenir les séditions... mais il est impossible de deviner ce qui se passe dans la tête d'un fou... Il y a probablement très peu de conjurés... Ce n'est guère que par les révélations de quelques initiés qu'on peut découvrir les complots de cette espèce... Cependant la police est en mouvement, et j'espère...

— Il n'y a rien à espérer avec un ministre de la police tel que Fouché, interrompit Rœderer, l'un des plus acharnés contre lui; on ne peut laisser les jours du premier consul à la disposition d'un homme qui s'entoure de scélérats et d'un préfet de police qui ne passe son temps qu'à s'occuper de filles publiques et de tripots...

— Allons, allons, Rœderer, point de personnalités, dit Napoléon en lui imposant silence avec la main, je suis persuadé que le préfet de police a déjà fait son devoir; c'est à nous d'aller faire le nôtre : venez avec moi.

Et suivi de plusieurs conseillers-d'État, il s'ache

mina lentement vers la salle du conseil, appuyé sur le bras de Rœderer, auquel il fit, à voix basse, des représentations sur ce qu'il appelait *ses élans mal dirigés*.

Dans cette première séance (4 nivôse), où les trois consuls assistèrent, on arrêta définitivement la rédaction de deux articles additionnels à la loi sur les tribunaux spéciaux. Le premier leur attribuait la connaissance des attentats contre la sûreté des membres du gouvernement ; le second donnait aux consuls le droit d'expulser de Paris les hommes dont la présence leur paraîtrait compromettre la sûreté de l'État, et celui de les déporter en cas de violation de leur exil. Au moment où Portalis se levait pour donner lecture des articles, Napoléon prit la parole et dit :

— L'action d'un tribunal spécial est encore trop lente, trop circonscrite. Il faut une vengeance plus éclatante pour un crime aussi atroce ; il faut qu'elle soit rapide comme la foudre : il faut du sang !... il

faut fusiller autant de coupables qu'il y a eu de victimes ; déporter les autres, et profiter de cette circonstance pour purger la république. Cet attentat
est l'ouvrage d'une bande de septembriseurs qu'on
retrouve dans tous les crimes de la révolution.
Lorsque le parti verra son quartier-général frappé,
le reste rentrera dans le devoir, les ouvriers re-
prendront leurs travaux, et dix mille individus qui,
en France, tiennent encore à ce parti et sont sus-
ceptibles de repentir, l'abandonneront entièrement.
Ce grand exemple est nécessaire pour rattacher la
classe intermédiaire à la république ; mais il est impossible de l'espérer tant que cette classe se verra
menacée par une centaine de loups enragés qui n'attendent que le moment pour se jeter sur leur proie.
Dans un pays où les brigands restent impunis et
survivent à toutes les crises révolutionnaires, le
peuple n'a point de confiance dans le gouvernement des honnêtes gens timides et modérés, s'il
ménage toujours les méchans qui peuvent toujours
lui devenir funestes. Dans ce cas, il faut pardonner

comme Auguste, ou prendre une grande mesure qui soit une garantie pour l'ordre social. Il faut se défaire des scélérats en les jugeant par accumulation de crimes. Lors de la conjuration de Catilina, Cicéron fit immoler les conjurés et dit qu'il avait sauvé son pays. Je serais indigne de la grande tâche que j'ai entreprise et de la mission qui m'a été confiée, si je ne me montrais pas sévère dans une telle occurrence. La France et l'Europe se moqueraient d'un gouvernement qui laisserait impunément miner un quartier de Paris, ou qui ne ferait de ce crime qu'un procès criminel ordinaire. Il faut considérer cette affaire en homme d'État. Je suis tellement convaincu de la nécessité de faire un grand exemple, que je suis prêt à mander devant moi les coupables, à les interroger, à les juger et à signer leur condamnation. Ce n'est pas, au surplus, pour moi que je parle : j'ai bravé d'autres dangers, ma fortune m'a préservé et j'y compte encore ; mais il s'agit ici de l'ordre social, de la morale publique et de la gloire nationale.

Ce discours changeait entièrement l'état de la question. Il ne s'agissait plus de juger d'après une loi à faire, mais de fusiller et de déporter par mesure de salut public, non des coupables avérés, reconnus, mais, à tout hasard, des hommes de la révolution que l'on désignait, à tort ou à raison, comme des scélérats. Cette violence répugna au conseil. La discussion devint froide et languissante sur la nécessité d'une telle mesure, sur la forme de son exécution. Napoléon revenait toujours à son opinion primitive. Les orateurs tournaient autour de cette question, sans oser l'aborder franchement : celle de savoir à quelle nuance politique appartenaient les coupables. Truguet, le premier, en eut le courage.

— Sans doute, dit-il, il faut que le gouvernement ait des moyens extraordinaires de se défaire des scélérats ; mais il y en a de plus d'une espèce. On ne peut se dissimuler que les émigrés menacent les acquéreurs des domaines nationaux, que d'an-

ciens prêtres fanatiques égarent le peuple des campagnes, que les agens de l'Angleterre s'agitent ;
que l'esprit public est corrompu par des pamphlets, que la révolte se ranime dans la Vendée..

— Un moment, citoyen Truguet, interrompit
le premier consul, de quels pamphlets voulez-vous
parler ?...

— Des pamphlets qui circulent publiquement...

— Mais encore quels sont-ils ?

— Parbleu ! citoyen premier consul, vous les
connaissez aussi bien que moi : quand il ne s'agirait
que de celui qui a établi un parallèle entre César,
Cromwell et vous !... *

---

* Ce pamphlet avait pour titre : *Parallèle entre César Cromwell et Bonaparte.* Il était sorti depuis quelques jours seulement du ministère de l'intérieur, d'où il avait été expédié avec
prodigalité, quoique sans lettre d'envoi, aux préfets et aux principaux fonctionnaires de chaque département. A Paris, on l'a-
vait lancé avec profusion. Le seul tort de cette brochure où
l'hérédité monarchique était prêchée ouvertement, c'était de re-

A ces mots le rouge monta au visage de Napoléon qui se leva avec vivacité, et interrompant Truguet :

véler prématurément des projets que Napoléon ne 'devait réaliser que plus tard. Quant à lui, il ignorait encore son existence et sa publication; mais dès le soir même, il en avait un exemplaire. Après l'avoir lu, il envoya immédiatement chercher Fouché. Une demi-heure après, celui-ci entrait dans son cabinet, et le dialogue suivant s'établit entre eux avec la plus grande vivacité d'une part, et un flegme imperturbable et légèrement sardonique de l'autre :

— Avez-vous lu cela ? demanda Napoléon au ministre de la police, en lui désignant du doigt la brochure qu'il avait jetée à quelque distance de lui sur le tapis, ainsi qu'il avait coutume d'en agir avec tous les livres qu'il ne parcourait que rapidement.

— Oui, général.

— Eh bien! qu'en pensez-vous ?

— Je pense que ce pamphlet est de nature à produire le plus mauvais effet sur l'opinion publique, surtout dans la circonstance présente.

— Alors, reprit Napoléon avec une colère concentrée et en frappant de son poing fermé sur son bureau, pourquoi l'avez-vous laissé paraître?... C'est une indignité !

— Général, je devais des ménagemens à l'auteur.

— Des ménagemens ! .. Il devrait être au Temple.

— Mais, général, c'est votre frère Lucien (à ce nom Napoléon fit un bond sur son fauteuil). Il a pris cette brochure sous sa protection, je crois même sous sa responsabilité, puisque l'impression en a été faite par son ordre à l'imprimerie nationale.

— Cela m'est bien égal... Votre devoir, comme ministre de la police, était de faire arrêter Lucien, et de l'enfermer au Tem-

— Je demande la parole! s'écria-t-il, je vois avec douleur qu'il y a ici des gens qui parlent un peu... *vite*... et qui ne réfléchissent pas assez à l'impression que leurs paroles peuvent laisser dans les esprits... Oui, citoyen Truguet, ajouta-t-il en

ple. Il semble que cet *imbécille-là* prenne à tâche de me compromettre à plaisir.

Après avoir prononcé ces mots, Napoléon se leva et fit quelques tours dans son cabinet. Fouché n'avait rien répondu ; il s'était contenté de sourire.

— C'est bien, avait ajouté Napoléon en lançant un regard terrible à Fouché ; vous pouvez vous retirer : je verrai Lucien.

Quoique frères, le ministre de l'intérieur et le premier consul n'étaient pas souvent d'accord Lucien, informé dès le lendemain de la colère de son frère, accourut aux Tuileries pour lui dire quelles avaient été ses intentions, et pour se justifier ; mais Napoléon ne voulut même pas l'écouter, et lui ferma la bouche en lui disant d'un ton très dur :

— Comment, ne vois-tu pas que tu t'es laissé attraper comme un nigaud ?... Eh bien ! tant pis pour toi. Fouché, lui, a été plus fin et plus habile. Va, tu ne seras jamais qu'une *bête* auprès de lui.

Lucien, furieux, quitta brusquement son frère, et, dès le même jour, donna sa démission, qui fut acceptée, et partit après pour l'Espagne, en qualité d'ambassadeur. C'était ce que voulait Fouché, qui lui avait conseillé de lancer ce parallèle pour *juger de l'effet*, lui avait il dit, afin de mieux le perdre dans l'opinion, car il ne l'aimait pas, et travaillait sourdement à le faire disgracier. Chaptal remplaça Lucien au département de l'intérieur.

Note communiquée.

regardant fixement ce conseiller-d'état qui s'était
levé à son tour, ce que je dis ici est pour vous. Au
surplus, je ne me formaliserai pas du reproche que
vous semblez m'adresser directement, nous sommes
ici en famille, et tous nous devons avoir, les uns
pour les autres, de l'indulgence et nous pardonner
les écarts auxquels le feu de la discussion peut nous
entraîner... N'en parlons plus, reprit-il avec un peu
plus de calme; mais on ne me fera pas prendre le
change par des déclamations. Les scélérats sont connus. Ils sont signalés par la nation; ce sont les septembriseurs, je vous l'ai déjà dit. Ce sont ces hommes, artisans de tous les crimes et qui ont toujours
été défendus ou ménagés par de misérables ambi-
tieux subalternes. On parle de nobles et de prêtres!
veut-on que je proscrive pour une qualité? veut-on
que je déporte trois mille prêtres, des vieillards
inoffensifs. Veut-on que je persécute les ministres
d'une religion professée par la plus grande partie
des Français et par les deux tiers de l'Europe? Lorsque Georges Cadoudal a voulu remuer dernière-

ment, il a attaqué les prêtres qui restaient fidèles au gouvernement. La Vendée n'a jamais été plus tranquille, et s'il s'y commet quelques attentats partiels, c'est qu'il est impossible d'y éteindre tout à coup les ressentimens particuliers. Il faudra, sans doute, que je renvoie la majeure partie des membres du Conseil-d'État; car, à l'exception de deux ou trois, on dit partout que ce sont des royalistes... L'autre jour, ne m'a-t-on pas accusé d'aristocratie, moi!... n'a-t-on pas dit que le citoyen Defermon était un agent royaliste. Il faudrait que j'envoyasse le citoyen Portalis à Sinnamary, le citoyen Devaisnes à Madagascar, et que je me composasse un conseil à la Babeuf... Me prend-on pour un enfant? Faut-il déclarer la patrie en danger? La France a-t-elle jamais été dans une plus brillante situation depuis la révolution, les finances en meilleur état, les armées plus victorieuses, l'intérieur plus paisible? J'aime bien que des hommes, qui n'ont jamais figuré dans les rangs des véritables amis de la liberté, témoignent pour elle de si vives inquiétudes... Ne

croyez pas, citoyen Truguet, que vous vous sauveriez
en disant : « J'ai défendu les patriotes au Conseil-
d'État... » Ces prétendus patriotes que vous voulez
défendre vous immoleraient comme nous tous.

Après cette improvisation prononcée avec la force
et l'éloquence de la conviction, Napoléon leva brusquement la séance et descendit de son bureau sans
même s'entendre avec le second consul sur la convocation de la prochaine séance ; mais lorsqu'il vint à
passer devant Truguet, celui-ci sortit de son rang,
s'avança et lui dit quelques mots à voix basse ; le
premier consul répliqua tout haut en hâtant le
pas :

— Allons donc ! citoyen Truguet, tout cela est
bon à dire chez madame Condorcet où chez Maillat-
Garat, mais non dans un conseil où siégent les hommes les plus éclairés de la France ; vous me feriez
croire que vous *jacobinisez* encore.

Et sans laisser le temps à l'huissier du conseil

qui lui avait ouvert la porte de la salle de la refer-
mer, il la tira brusquement sur lui en répétant encore d'un ton dérisoire :

— Allons donc! citoyen Truguet...

Tous les conseillers furent affectés d'une scène
qui, selon eux, avait porté atteinte à la dignité de la
magistrature et à la liberté des opinions; bien que
les uns prétendissent que Truguet avait eu le premier tort en abordant un peu brutalement une
question aussi délicate, (c'était assez le défaut de
ce conseiller-d'état de manquer d'adresse et de
forme dans la discussion) les autres soutinrent que
le premier consul avait été trop loin, cette fois,
en l'apostrophant comme il l'avait fait à la sortie,
et pour le lui faire comprendre, il fut résolu qu'aucun d'eux n'irait le soir au cercle du premier consul,
quoique ce fut une habitude, lorsque dans la journée
il y avait eu séance du conseil-d'État présidée par lui.

Napoléon ayant vu la soirée se passer sans qu'aucun conseiller-d'état se fût présenté dans le salon, en fit l'observation devant les personnes qui étaient présentes.

— Est-ce qu'ils me bouderaient aujourd'hui? dit-il ; c'est possible. Je me suis un peu emporté; je leur ai déclaré qu'il fallait frapper comme la foudre, j'ai même assez mal mené Truguet, qui n'a pas renoncé à ses vieilles habitudes... Eh bien! puisqu'il en est ainsi, tant mieux, je vais en profiter pour aller tirer au clair l'affaire du pamphlet qu'il m'a jeté au visage ; au moins saurai-je à quoi m'en tenir avec lui ; puis, à la prochaine séance, je les attends tous de pied ferme.

On sait comment Napoléon employa le reste de cette soirée, et ce qui se passa entre lui et Fouché au sujet de cette brochure.

LE SABRE DE PAIN D'ÉPICES.

I

Au mois de juillet 1815, l'Autriche s'étant dé-
cidément déclarée contre nous, les négociations du
congrès de Prague furent brusquement rompues,
et l'armistice de Dresde dénoncé le 10 août suivant. La bataille de Dresde, livrée les **27** et **28** du
même mois, ne fut que la conséquence de ces événemens. Cette bataille est certainement une de celles

où le génie de Napoléon brilla du plus vif éclat
(nous la raconterons un jour); elle devait avoir les
immenses résultats qu'il s'en était promis; mais la
fortune, qui commençait à nous abandonner, en
décida autrement. En même temps que Vandamme,
en Bohême, se voyait contraint de poser les armes
à Kulm pour s'être aventuré imprudemment dans
la profonde vallée de Tœplitz, Macdonald se faisait
battre à Gross-Beern par Bernadotte. Le maréchal
Ney, envoyé de ce côté pour rétablir les affaires,
n'ayant pas été plus heureux à Dennewitz et à Bu-
terborg, ces désastres avaient détruit toutes les espérances de paix que l'empereur avait fondées sur sa
récente victoire.

Après avoir appris le détail de ces pertes, Napoléon dit froidement à ceux qui étaient présens dans
son cabinet :

— Que voulez-vous, messieurs, je ne puis pas
être partout !... Mais ce que je ne puis concevoir,

c'est que Vandamme se soit laissé entraîner en Bohême. A une armée qui fuit il faut faire un pont d'or ou opposer une barrière d'acier; or, Vandamme ne pouvait être cette barrière.

Puis s'adressant au major-général :

— Aurions-nous donc écrit quelque chose qui ait pu lui inspirer cette fatale pensée?... Berthier, allez chercher vos minutes, et vous, Fain, voyez les miennes; vérifions tout ce que nous avons écrit.

Le major-général apporta son livre d'ordre : le secrétaire du cabinet représenta ses minutes, on relut toutes les lettres et l'on n'y trouva rien qui pût autoriser le malheureux général à quitter sa position de Peterswald, dans laquelle l'empereur lui avait recommandé de se tenir *coi*, selon l'expression textuelle employée dans la dépêche.

— Eh bien! dit l'empereur au duc de Bassano; voilà la guerre :

Puis, devenu tout-à-coup pensif, il fixa de nouveau les yeux sur sa carte, et mesurant machinalement les distances avec un compas, on l'entendit répéter tout haut ces vers qui lui revenaient à la mémoire :

> J'ai servi, commandé, vaincu quarante années !
> Du monde, entre mes mains, j'ai vu les destinées,
> Et j'ai toujours connu qu'en chaque événement
> Le destin des combats dépendait d'un moment.

— Ah! Talma disait bien cela! ajouta-t-il en paraissant se livrer à d'autres pensées. Pauvre Talma, il y a long-temps que nous nous connaissons. C'est un honnête homme; mais il aime mieux être à Paris qu'à Dresde... Il a parbleu raison; cela se conçoit, mais moi! Allons! il faut changer mes plans, et cette fois faisons en sorte de me multiplier.

En effet, dès le soir même il indiqua aux principaux officiers de son état-major, Leipzick comme devant être désormais le point de réunion de tous les corps de l'armée; puis, le 5 septembre il quitta Dresde.

A partir de ce jour, commença une série de marches et de contremarches remarquables, autant par la vivacité des manœuvres exécutées par l'empereur, que par la patience avec laquelle il poursuivit un dénoûment qui devait nous être bien funeste.

Dans ce trajet de Dresde à Leipzick, trajet qui dura six semaines, il fit plus d'une fois la triste observation qu'une fatale disposition au découragement dominait les esprits; les signes de mécontentement n'étaient que trop visibles à ses yeux clairvoyans.

« Il semble, dit-il un jour à cette occasion, qu'une lime sourde cherche à rompre tous les liens de confiance et de dévoûment qui si long-temps ont rendu l'armée et moi forts l'un par l'autre, et l'un par l'autre invincibles. »

Enfin, le 15 octobre 1815, il arriva à Leipzick.

déjà occupée par les troupes du maréchal Marmont
, et du duc de Castiglione.

Mais pour l'intelligence de ce qui va suivre, je
crois devoir donner brièvement la description to-
pographique de cette ville de Saxe qui, sans être
d'une grande étendue, est cependant devenue importante à cause des événemens dont elle fut le
théâtre à cette époque.

Leipzick est renfermée dans une enceinte irrégu-
lière, de forme presque triangulaire, qui consiste
en une vieille chemise de maçonnerie ; elle est protégée par un fossé sans contrescarpe et presque com-
blé par le temps. Autour de ce fossé règne un large
boulevard planté de deux rangées d'arbres. Quatre
portes servent de communications à la ville avec
ces boulevards : au nord se trouve la porte appelée
Halle; c'est la route de Lindenau par le pont de
l'Elster.

Au midi est celle de Grimma, qui est en même

temps le nom du faubourg le plus considérable de la ville ; à l'ouest est la porte Saint-Pierre, et à l'est, du côté de Lindenau, les faubourgs de Randstad, qui conduisent à Leutzen par un long défilé renfermé entre les marais de l'Elster et de la Pleisse. Ce faubourg n'a pour débouché que le pont qui est à l'extrémité du boulevard du côté de la porte de Halle, et pour issue que la rue longue et étroite qui mène à la barrière de Machranstadt. Nos soldats appelèrent cette sortie barrière de *la Massacrade* à cause de l'horrible boucherie dont ce lieu fut témoin quelques jours plus tard ; ce fut par là en effet que l'armée française tenta d'opérer sa retraite.

Murat, instruit de l'arrivée de l'empereur, s'empressa de se rendre auprès de lui pour lui donner des détails sur les divers combats qui avaient eu lieu auparavant, et pour lui rendre compte en même temps de la position qu'il avait fait prendre à l'armée pour couvrir Leipzick. Napoléon, voulant s'assurer par lui-même des dispositions prises par son beau-frère, remonta à cheval et se dirigea du côté des campemens. Il arriva bientôt au pied d'un côteau qui domine une immense plaine, et sur lequel est une maison isolée appelée la *bergerie de Meusdorf*. Après avoir jeté de ce point un premier coup-d'œil sur l'ensemble de nos positions, il voulut les parcourir en détail, et redescendit dans la vallée, où la tête des premières colonnes autrichiennes commençait déjà à se montrer. En avançant un peu, les vedettes des deux armées ne furent plus éloignées les unes des autres que de quelques portées de fusil tout au plus.

De nouveaux régimens étaient arrivés de France; pour la première fois ils allaient paraître en ligne sous les yeux de l'empereur. Parmi eux se trouvait le régiment de cuirassiers commandé par d'Avranges, un des plus jeunes colonels de l'armée, et que Napoléon connaissait particulièrement. Ces régimens n'avaient point encore inauguré leurs aigles,

et l'empereur ordonna qu'on procédât sur-le-champ
à cette solennité.

Aussitôt les troupes se rangèrent sur les trois côtés d'un grand carré ; l'état-major occupa le quatrième. Napoléon s'avance au milieu de l'enceinte;
tous les officiers des régimens se groupent devant
lui. Le prince de Neufchâtel, exerçant alors la
charge de vice-connétable, met pied à terre ; les officiers de son état-major ont tiré les aigles des étuis
qui les renfermaient ; les bannières dont elles sont
ornées déploient leurs couleurs, tous les tambours
battent aux champs ; Berthier, chargé de ce noble
faisceau, vient se placer au centre des officiers, en
face de l'empereur qui, tenant d'une main les rê-
nes de son cheval et de l'autre montrant les drapeaux, s'écrie d'une voix vibrante :

—Soldats ! que ces aigles soient désormais votre
point de ralliement ! Jurez-moi de mourir plutôt
que de les abandonner !.. Me jurez-vous de préférer
la mort au déshonneur de nos armes ?..

— Oui! oui! Vive l'empereur! s'écrièrent les officiers et les soldats sur lesquels ces paroles semblent produire un effet magique.

Alors Napoléon élevant la voix et désignant de son bras étendu les Autrichiens, reprend avec plus d'énergie que la première fois :

—Soldats, voilà l'ennemi ! Souffrirez-vous jamais un affront?..

— Non, non, jamais! Vive l'empereur! répètent encore tous les officiers en brandissant leurs épées.

— Alors je confie ces aigles à votre courage et à votre honneur.

A ces mots, chaque régiment reçoit un drapeau des mains de son colonel, et toutes les troupes, transportées d'enthousiasme, se séparent et défilent en poussant des *vivat* que les échos portent jusqu'aux Autrichiens.

Lorsque le régiment des cuirassiers, commandé par d'Avranges, vint à passer devant Napoléon et quand le colonel lui eut adressé le salut d'usage, l'empereur se découvrit en disant à voix basse :

« Encore un de mes braves colonels ! »

Il continua son inspection. Arrivé au village de Wachau, occupé par le duc de Bellune, il lui donna de vive voix quelques instructions, puis il revint à la bergerie de Meusdorff, où il fit une halte. Les fourgons de la cantine n'étant pas encore arrivés, Napoléon dut se contenter pour souper de quelques noix sèches ; elles étaient le seul mets qu'on pût se procurer tant l'habitation était pauvre. Le duc de Bassano ajouta à ce frugal repas une tablette de chocolat ; mais en revanche l'empereur s'étendit sur un monceau de foin et prit avec délices quelques heures de repos.

Dans la nuit du 15 au 16, il apprit que l'ennemi débouchait par toutes les routes qui aboutissent à

Leipzick ; il fit de suite toutes ses dispositions. Le lendemain, à neuf heures du matin, la fusillade qui se fit entendre au sud de Leipzick annonça que Schwartzenberg avait engagé la bataille dans cette direction. Le canon répondit bientôt de tous les points de l'horizon aux décharges d'artillerie qui tonnaient du côté de Wachau : à midi l'engagement devint général.

Napoléon était descendu de la bergerie de Meus-dorff, et s'était dirigé en toute hâte sur ce point ; mais avant d'y arriver, il aperçoit, sur la droite, des colonnes autrichiennes qui se sont avancées en bon ordre par Mackelberg. L'attaque semble si furieuse de ce côté, elle est accompagnée de cris si terribles que tout le monde en est frappé. L'empereur s'arrête, et ne connaisssant au juste ni les desseins, ni le nombre des ennemis, fait avancer les grenadiers de la vieille garde qui ne sont qu'à peu de distance derrière lui ; il leur fait former le carré, et sûr qu'aucune puissance humaine ne pourra ni vaincre ni dépasser cet obstacle, il s'élance dans la plaine, il arrive au moment où notre grosse cavalerie se distinguait par des charges irrésistibles, suivant son expression, et tandis que Macdonald faisait d'héroïques efforts pour enlever la redoute de Gross-Possana défendue par une artillerie formidable.

Napoléon juge à la première vue que de la prise de cette redoute dépend peut-être le succès de la journée ; il s'y porte de toute la vitesse de son cheval et vient se placer sous le feu de l'ennemi.

— Quel est ce régiment ? demande-t-il avec vivacité au général Charpentier, près duquel il s'est arrêté pour lui désigner du doigt un régiment d'infanterie qui restait en position au pied de la hauteur.

— Sire, c'est le **22e** léger.

— Ce n'est pas possible, général ; je connais le

22ᵉ léger : il ne resterait pas là l'arme au bras, à se faire mitrailler ; finissons-en !

Et sur un signe ce régiment s'élance... la redoute est emportée.

L'empereur songe alors à porter le coup décisif en perçant le centre de l'ennemi pour le mieux culbuter. La cavalerie de Latour-Maubourg, de Kellermann et de Poniatowski se jette aussitôt à droite et à gauche pour le déborder ; tout ce qu'elle rencontre est écrasé, tué ou mis en fuite.

Cependant la nuit approche, et l'extrême fatigue des combattans ne permet plus de songer à de nouvelles entreprises. A six heures la canonnade cesse entièrement, et les feux des bivouacs des deux armées en présence se rallument peu à peu dans les mêmes positions où ils s'étaient éteints le matin. Les tentes de l'empereur ont été dressées en avant de la bergerie de Meusdorf, autour de laquelle la vieille garde vient s'établir. Napoléon passe la soirée à recueillir les rapports de la journée.

Tout le monde, généraux et soldats, avait fait son devoir. La cavalerie s'était surtout distinguée. Malheureusement Latour-Maubourg avait eu la cuisse emportée par un boulet.

Pendant l'opération que subissait, avec un courage stoïque, le général sur le champ de bataille même, son domestique se livrait à un désespoir qu'il manifestait par des cris et des pleurs.

— Ah çà ! veux-tu te taire, lui disait Latour-Maubourg, que ces clameurs impatientaient; de quoi te plains-tu ? Tu es gros et gras, il ne te *manque* rien.

— Ah ! général, c'est votre jambe. Quel malheur pour moi !

— Mais au contraire, nigaud, reprit celui-ci, croyant ainsi consoler le fidèle serviteur, c'est fort heureux pour toi, parce que tu n'auras plus désormais qu'une botte à cirer au lieu de deux.

A ce combat de Wachau, Poniatowski gagna son bâton de maréchal. Cédant à je ne sais quel pressentiment, Napoléon, comme s'il n'eût pas eu de temps à perdre pour acquitter sa dette envers le Polonais, lui envoya le soir même les insignes de maréchal de l'empire.

Parmi les colonels qui se sont rendus dignes des faveurs de l'empereur, Berthier cite avec orgueil le jeune d'Avranges, qui est son neveu.

« Ah! oui... d'Avranges! répète Napoléon d'un air pensif; on ne saurait être bon fils sans être brave soldat. Celui-là a foi en sa mère et en son empereur; il ira loin si la fortune ne le trahit pas. Je pense à votre parent, Berthier, et d'Avranges ne sera pas oublié, mais il ne faut pas aller trop vite avec les jeunes gens, de crainte de les gâter. »

A cet instant, l'aide-de-camp de service entra

dans la tente impériale pour annoncer l'arrivée du général autrichien Merfeldt, qui avait été fait prisonnier le matin dès le commencement de l'action. Napoléon avait donné l'ordre qu'on le lui amenât.

—Attendez un moment, répondit-il à son aide-de-camp. Lui avez-vous rendu son épée ?

— Sire, on ignorait que votre majesté voulût...

— Qu'on remette au général son épée; vous l'introduirez ensuite.

Puis se tournant vers Berthier, il ajouta :

—Merfeldt est une ancienne connaissance, vous devez vous le rappeler. C'est lui qui est venu à Léoben solliciter l'armistice; c'est avec lui que j'ai négocié à Campo-Formio. Vous souvenez-vous de la nuit d'Austerlitz ? Ce fut encore lui qui me fit passer le billet écrit au crayon pour obtenir les premières paroles de paix auxquelles le salut de l'em-

pereur d'Autriche et celui d'Alexandre étaient at-
tachés. N'est-ce pas une singulière destinée que la
sienne ? Elle me le ramène au moment où j'aurais
moi-même besoin d'armistice et de paroles de
paix.

Aussitôt que le général autrichien fut introduit,
l'empereur lui adressa des paroles consolantes sur
son malheur, l'invita à partager avec lui et les officiers-généraux de son état-major le modeste repas
qu'on avait préparé dans la tente voisine, en lui
disant avec bienveillance.

« Je vous préviens, général, que vous allez faire
un mauvais souper ; mais ensuite, pour vous en
dédommager, je vous renverrai sur parole ; seulement, vous voudrez bien vous charger de porter
à votre maître, l'empereur d'Autriche, de nouvelles
offres de conciliation.

Après un repas qui ne dura pas dix minutes, Napoléon quitta la table.

« Notre querelle devient bien sérieuse, n'est-ce pas, général? dit-il à M. de Merfeldt. Vous voyez comme on m'attaque et comme je me défends. Est-ce que votre cabinet ne prévoit pas les suites d'un tel acharnement?... S'il est sage, s'il est bien conseillé, il peut encore tout arrêter; il le peut dès ce soir, mais demain peut-être il ne le pourra plus, car qui peut prévoir les événemens de demain?... »

Comme le général autrichien ne répondait rien, après un moment de silence Napoléon ajouta, en mettant dans son débit plus de vivacité :

« Notre alliance est rompue, c'est vrai! mais entre votre maître et moi, n'en existe-t-il pas une autre?... et celle-là n'est-elle pas indissoluble?... Eh bien! c'est elle que j'invoque. Je veux avoir toute confiance dans les sentimens de mon beau-père. C'est à lui que je n'ai cessé d'en appeler depuis le commencement de tout ceci. Allez donc le trouver, et répétez-lui ce que je lui ai déjà fait dire par Bubna, il y a quatre mois, lorsque j'étais à

Dresde. Je ne saurais trop vous le répéter, général, on se trompe étrangement sur mon compte.
Je ne demande pas mieux que de me reposer à
l'ombre de la paix et de rêver le bonheur de la
France après avoir rêvé sa gloire... Et cependant
votre politique sacrifie à la peur qu'elle a de moi
non-seulement les affections les plus naturelles,
mais encore ses plus chers intérêts. Vous craignez
jusqu'au sommeil du lion; vous croyez ne pouvoir
être tranquilles qu'après lui avoir arraché les grif-
fes et coupé la crinière... Eh bien! quand vous
l'aurez réduit à ce triste état, quelles en seront les
suites? Les avez-vous prévues?... Tourmentés par
le désir ardent de recouvrer d'un seul coup tout ce
que vous avez perdu par vingt ans de malheurs,
vous n'avez que cette idée, et vous ne remarquez
pas que depuis vingt ans tout a changé autour de
vous, que vos intérêts ont changé de même, et que
désormais, pour l'Autriche, gagner aux dépens de
la France, c'est perdre. Vous y réfléchirez, général; ce n'est pas trop de l'Autriche, de la France

et même de la Prusse pour arrêter sur la Vistule le
débordement d'un peuple à demi nomade, essentiellement conquérant, et dont l'immense empire
s'étend depuis nous jusqu'à la Chine... la Russie
enfin, dont l'ambition vous aurait dévoré déjà si
je n'avais eu le soin de la tenir muselée.

« Au surplus, je dois finir par faire des sacrifices,
je le sais, je suis prêt; et pour gage de l'armistice à
conclure dans les vingt-quatre heures, j'offre d'é-
vacuer sur-le-champ l'Allemagne et de me retirer
derrière le Rhin. Adieu donc, général, ajouta Napoléon en congédiant M. de Merfeldt ; lorsque de
ma part vous parlerez de paix aux deux empereurs,
je ne doute pas que la voix qui frappera leurs oreilles ne soit pour eux bien éloquente en souvenirs :
voilà pourquoi je m'attends à vous revoir. »

Le général autrichien fut aussitôt reconduit par
son ordre aux avant-postes, et ce fut dans le moment où ses amis déploraient sa captivité qu'ils le

virent reparaître au milieu d'eux, honoré d'une mission qu'un vainqueur eût ambitionnée... Mais M. de Merfeldt ne devait pas revenir.

II

La journée du lendemain n'ayant pas été troublée
par un seul coup de canon, ce calme absolu sembla
de bon augure à Napoléon, qui ne doutait pas que
la mission de M. de Merfeldt n'eût trouvé un bon
résultat. Il s'abusait.

Presque toute sa vie, il se fit illusion sur les sentimens de ces rois qui l'avaient tant flatté dans sa

prospérité. Il oubliait qu'à leurs yeux, lui, empereur de *fortune*, n'était qu'un *intrus*, fils de la révolution et représentant de cette France contre laquelle, depuis vingt ans, ces mêmes rois conspiraient. L'occasion était trop belle pour se venger à la fois d'une nation qu'ils n'avaient pu empêcher de s'affranchir, et de l'homme qui les avait vu tous à ses pieds, après les avoir tous vaincus.

En retardant leur attaque d'un jour, les alliés n'avaient eu d'autre intention que de donner le temps à Bernadotte de se rallier à Benigsen et à Collorédo, dont les corps d'armée réunis formaient 120,000 hommes. Ce que Napoléon ne sut pas deviner, ses généraux en chef le devinèrent, et, après s'être long-temps consultés, ils furent d'avis d'appeler Berthier et Daru à un conseil qu'ils tinrent à ce sujet.

On discuta long-temps, et en résumé les avis se trouvèrent tous d'accord sur ce point : c'était que l'empereur ne devait pas livrer bataille avec des forces aussi faibles que les siennes, comparées à celles de ses ennemis. Il nous restait à peine six cents pièces de canon, et les alliés en avaient 1,200. Napoléon ne pouvait mettre en ligne que 160,000 hommes au plus, tandis qu'on pouvait lui en opposer 350,000. Tout ce que notre armée avait conservé de bonnes troupes, de vieux soldats, était à Dresde, ou renfermé dans les places de Dantzick, de Magdebourg et de Hambourg. Il fut convenu qu'après la conférence, Berthier et Daru iraient trouver l'empereur pour déposer à ses pieds de *respectueuses mais justes remontrances*. Ces messieurs avaient sans doute oublié qu'on n'était plus au temps de Louis XV et des parlemens.

En les voyant entrer dans sa tente, où il était seul, Napoléon remarqua tout d'abord l'agitation de Daru; mais l'air solennel du major-général le frappa davantage, et s'asseyant devant sa table il leur demanda d'un ton froid ce qu'ils lui voulaient.

Berthier prit la parole le premier et lui représenta, dans les termes les plus doux et en employant d'excessifs ménagemens, le désavantage qu'il y aurait à livrer bataille dans un pareil moment. Il lui exprima une vérité que l'empereur avait sentie avant lui, à savoir que les généraux étaient eux-mêmes si découragés qu'ils ne pouvaient ranimer le courage de leurs soldats.

— Et cependant, ajouta le major-général, votre Majesté sait jusqu'où vont leur amour et leur dévoûment à son auguste personne. Tous sont prêts à sacrifier leurs biens, leur vie pour elle; mais si ces sacrifices ne peuvent servir à rien, si votre Majesté, en s'exposant elle-même comme elle le fait chaque jour, avec une témérité qui...

Ici un regard foudroyant de Napoléon arrêta court l'orateur. Toutefois il se remit et termina son tableau en balbutiant et en rappelant quelles seraient les terribles suites d'une bataille perdue, qui ouvrirait aux ennemis la route de Paris.

Enhardi par le silence de l'empereur, qui avait écouté Berthier avec une morne attention, Daru prit la parole à son tour. Il démontra que les munitions seraient insuffisantes pour peu que l'action se prolongeât plus d'un jour; que l'armée n'avait pas d'ambulances, qu'aucun hôpital n'avait pu être formé sur les derrières de l'armée.

— Ces précautions, sire, dit Daru en terminant, ont toujours rendu les soldats de votre majesté invincibles, parce que, lorsque le soldat sait que des secours, des soins et un lit l'attendent s'il est blessé ou malade, il va au feu avec plus d'assurance. Votre majesté sait encore que dans cet état de choses il n'y a de la faute de personne; l'administration a constamment fait son devoir.

Lorsque l'intendant-général de l'armée eut fini de parler, Napoléon, qui jusqu'alors n'avait pas dit un mot, regarda tour à tour Daru et Berthier avec une expression extraordinaire; puis il leur dit avec une tranquillité feinte, mais pleine d'ironie :

— Messieurs, tandis que vous y êtes, avez-vous encore quelque chose à dire? Parlez, je vous écoute. Par ma foi, le moment est bien choisi!

Et ses bras, qu'il avait croisés sur sa poitrine, empêchaient qu'on vît ses doigts crispés froisser les revers de son habit. Daru et Berthier ayant témoigné par une légère inclinaison de tête qu'ils n'avaient plus rien à dire :

— Eh bien! c'est à mon tour, n'est-ce pas, messieurs? s'écria-t-il en se dressant de toute sa hauteur.

Puis, fixant des yeux de feu sur l'intendant de l'armée, il lui dit avec ce calme qui était toujours chez lui précurseur de l'orage :

— Comte Daru, vous êtes un homme de plume et non d'épée, en un mot, vous êtes l'intendant de l'armée, et par cela même inhabile à juger une pareille affaire. Je ne vous veux aucun mal du zèle inconsidéré qui vous a dicté les paroles que je viens d'entendre; cependant, croyez-moi, vous eussiez mieux fait de vous abstenir.

Puis se retournant vivement vers Berthier et le toisant de la tête aux pieds, il dit, en affectant encore plus de calme, quoique son visage fût devenu affreusement pâle :

— Quant à vous, monsieur le major-général, j'ignorais qu'entre nous deux les rôles pussent changer; mais je sais maintenant que, de même que la fortune, il y a des hommes qui changent du jour au lendemain. Je sais qu'il en est ici quelques-uns qui préféreraient les douceurs d'une vie oisive aux nobles fatigues des camps...

Puis faisant deux pas vers le major-général, qu'il regarda fixement :

— Il en est, vous dis-je, qui aimeraient mieux chasser dans leurs terres princières que de travailler avec moi à la conservation intégrale du territoire, au maintien de l'honneur national? n'est-ce pas, prince de Neufchâtel? Et ceux-là, je les connais, vous dis-je encore une fois. Ce sont des hommes que j'ai tirés de la poussière pour les combler d'honneurs et de richesses; des hommes qui me doivent tout, excepté de la reconnaissance. Mais ceux-là ne sont pas mes soldats! Mes soldats n'ont point changé et ne changeront jamais. Messieurs, avec l'aide de Dieu et de cela (l'empereur avait frappé vivement du plat de sa main gauche sur le fourreau de son épée), je saurai bien réduire des princes qui, parce que je les ai trop ménagés, ont conjuré ma perte. Mais malheur aux traîtres ou aux ingrats!

Au geste sublime que Napoléon avait fait, à ses paroles dites avec feu, Berthier et Daru avaient éprouvé comme un sentiment de terreur, bien qu'à

coup sûr ils ne pussent prendre pour eux ces mots
si durs de l'empereur, et que lui-même ne songeât
point à les leur appliquer.

— Au surplus, vous le savez depuis long-temps,
reprit-il bientôt, toujours en s'adressant à Berthier,
votre opinion n'est jamais entrée pour rien dans
mes déterminations; vous pouviez donc vous épar-
gner la peine de parler comme vous venez de le
faire tout-à-l'heure; et quant à ceux qui vous ont
envoyé vers moi, s'écria-t-il avec un éclat de voix,
dites-leur qu'ils n'ont qu'à obéir!

Enfin, se calmant peu à peu, il s'assit, et après
s'être essuyé le front avec son mouchoir, il ajouta
froidement:

— Messieurs, vous avez ma réponse.

Et d'un signe il les congédia.

Il est à remarquer que lorsque Napoléon avait

quelque mauvaise humeur, ou lorsqu'il croyait avoir à se plaindre de quelqu'un, son mécontentement passait comme un orage, parce qu'il l'exhalait aussitôt en paroles dures quelquefois, et en apostrophes toujours vives. Le premier moment de sa colère était comme un coup de massue sous lequel il était difficile de ne pas succomber; ce n'était qu'à l'aide de beaucoup de sang-froid, de franchise et d'impassibilité qu'on pouvait espérer d'en atténuer l'effet. Mais, une fois calmé, non-seulement l'empereur ne pensait plus à *la scène qu'il avait faite*, mais même il ne voulait pas que ceux qui l'avaient provoquée en conservassent le moindre souvenir.

Puis, comme au fond du cœur il était essentiellement bienveillant, comme il avait une extrême sensibilité et (qu'on me pardonne l'expression), comme il était *bon homme*, il lui arrivait toujours de regretter d'avoir poussé les choses un peu trop loin, comme il le disait encore, et il faisait en quelque sorte des avances pour qu'on ne lui gardât pas rancune. L'expression de sa figure s'épanouissait, il devenait enjoué, indulgent; ses paroles, son regard, son sourire, ses gestes même, avaient un charme auquel il était impossible de résister : on peut dire que l'empereur avait une physionomie, des manières, un langage pour chacune des émotions qui l'agitaient. Il est vrai que nous ne pourrons jamais convaincre certaines gens de cette vérité, que Napoléon était homme et homme comme un autre, avec cette différence, toutefois, qu'il valait par le cœur infiniment mieux que la plupart des autres hommes, de même qu'il leur était éminemment supérieur par l'intelligence. Il le prouva plus que jamais le soir même du jour où il avait *lavé la tête* à Daru et à Berthier ; il employa toute la nuit du 16 au 17 à faire avec eux ses dispositions pour le lendemain, comme s'il ne se fût rien passé d'extraordinaire entre lui, l'intendant et le major-général de l'armée.

III

Le 17, au matin, le temps était pluvieux et sombre. La venue du jour n'avait pas interrompu le calme qui régnait dans le camp. Tandis que les caissons se remplissaient, que les ambulances s'improvisaient, que le soldat disposait ses armes et que de tous côtés on se préparait au combat, l'empereur passa la journée dans sa tente et arrêta le nouvel ordre de bataille dans lequel il voulait recevoir l'ennemi. Il retint à dîner Daru et Berthier, comme pour effacer jusqu'au souvenir de la mercuriale de la veille. La nuit arriva ainsi sans qu'on eût aucune nouvelle de M. de Merfeldt.

— Poniatowski pourrait bien avoir raison, dit plusieurs fois Napoléon en regardant à sa montre.

Pour comprendre ces paroles, il faut savoir que l'empereur avait fait part au prince Poniatowski de son espoir dans la mission de M. de Merfeldt, vis-à-vis d'Alexandre surtout, et que le Polonais, dans sa franchise toute militaire, lui avait répondu : « N'y comptez pas, sire. L'empereur de Russie vous jouera. » L'évènement prouva que le prince avait deviné juste.

Cependant la pluie continuait de tomber à torrens sur les bivouacs. Un profond silence régna autour des tentes du quartier-général jusqu'au moment où le lever de la lune permit enfin à l'empereur de monter à cheval et de se porter dans la direction de Leipzick. Il était une heure du matin. Chemin faisant, un moulin à tabac qui se trouve en arrière du Probstheyda, sur une éminence appelée le *Thonberg*, lui parut être un emplacement favorable pour son état-major. En effet, après avoir tout visité, il revint à huit heures du matin à ce même moulin de Thonberg. A peine eût-il mis pied à terre que le canon de Schwartzenberg se fit entendre.

— Ah! ah! dit-il en écoutant, il paraît que *les autres* ne perdent pas de temps! N'est-ce pas aujourd'hui le 18 juin? Eh bien! il y a précisément treize ans, à pareille heure, que j'assistais, dans la cathédrale de Milan, au *Te Deum* chanté en commémoration de la victoire de Marengo. Messieurs, c'est un glorieux anniversaire que celui-là! Faisons en sorte de nous le rappeler!

Et il remonta à cheval aussitôt.

Du moment où l'ennemi avait abordé nos lignes,

la bataille était devenue terrible : on s'était heurté avec furie ; mais quels que fussent leurs efforts, les assaillans avaient trouvé partout une résistance invincible. Pendant sept heures que dura ce combat de géans, on vit cent vingt mille Français repousser victorieusement trois cent trente mille ennemis. Pendant sept heures quatre cent cinquante mille hommes se battirent sur une surface de moins de trois lieues carrées, et par des miracles de valeur et d'audace, les Français repoussaient les attaques sans cesse renaissantes d'une masse trois fois plus forte qu'eux.

Malheureusement, ce que le nombre n'avait pu contre la valeur, la trahison devait le faire. Tout le monde sait l'immense désastre qu'entraînèrent la défection des Saxons et cette rupture du pont de Leipzick qui coupa la retraite à l'arrière-garde de notre armée. Nous ne nous arrêterons donc pas sur ces faits, qui sont l'une des pages les plus douloureuses de notre histoire, et nous passerons enfin à l'épisode qui doit seul nous occuper, mais pour l'intelligence duquel ces détails préliminaires étaient indispensables.

Le 24 octobre l'empereur était arrivé de bonne heure à Freybourg, où son logement avait été préparé dans la maison du pasteur protestant. Il s'enferma avec Berthier, et avant de prendre la moindre nourriture il s'occupa des affaires de la France, dicta le décret de convocation du corps législatif, distribua de l'avancement, des dotations, des honneurs.

Le major-général lui mit ensuite sous les yeux le rapport plus détaillé de nos pertes. Berthier lui-même avait à regretter celle de son neveu, le jeune d'Avranges, ce colonel d'un nouveau régiment de cuirassiers auquel Napoléon avait fait don d'une aigle quelques jours auparavant. Ce brave officier était mort en combattant près du prince Poniatowski, pour protéger sa retraite dans le faubourg de Leipzick.

A ce nom de d'Avranges, prononcé par Berthier avec une émotion bien naturelle, Napoléon avait éprouvé comme un tressaillement; puis il avait regardé le prince de Neufchâtel avec une expression extraordinaire en lui disant d'un ton bref:

— Et après, monsieur le major-général, quelles pertes ai-je encore à déplorer?

— Sire, le général de division Delmas, qui est tombé sous le feu de l'artillerie saxonne, et avec lui Vial, Rochambeau...

— Assez! assez! fit Napoléon en couvrant son visage de ses deux mains; puis il répéta tout bas: « Bessières, Duroc, Kirgener, Bruyère, Vial, Rochambeau, Delmas, Poniatowski!... Ah! oui, Poniatowski, voilà quel devait être le vrai roi de Pologne! et aujourd'hui il est mort! tous sont morts! tous!... Ah! c'est affreux! quand donc cela finira-t-il! n'est-ce pas déjà assez de sang versé? Encore si ce n'était qu'à moi qu'ils en veulent!

Et après un silence il ajouta :

— Vous disiez donc que parmi mes braves colonels, d'Avranges...

— Sire, les Prussiens l'ont massacré. Les dernières paroles de mon neveu ont été un remercîment à votre majesté de toutes les bontés qu'elle a eues pour lui, et son dernier soupir a été pour sa patrie, pour sa mère. Sire, elle est ma sœur, et lui...

À ces mots, Berthier se tut et se couvrit les yeux.

Tandis qu'il parlait, un léger tremblement avait agité les mains de l'empereur, ses lèvres avaient pâli, et chez lui c'était là le signe d'une émotion profonde. Il s'était penché sur la table devant laquelle il était assis, il avait allongé le bras pour chercher la main de Berthier, et il la lui avait serrée à deux reprises, mais sans prononcer une parole.

Cependant le prince de Neufchâtel avait continué ainsi :

— Sire, entre autres particularités relatives à la mort de mon neveu, il en est une qu'on ne saurait expliquer, car bien qu'elle m'ait été attestée, j'ai peine à y croire...

— Qu'est-ce donc?.. demanda Napoléon.

— Sire, une chose inimaginable, une puérilité : on a trouvé sur lui, entre sa veste et sa cuirasse... Et cependant d'Avranges n'était pas fou...

— Mais qu'est-ce donc? répéta l'empereur avec la plus vive impatience.

— Sire, on a trouvé un petit sabre de pain d'épices, de ceux qu'on donne aux enfans, mais tellement durci par le temps, que d'abord on ne savait pas ce que ce pouvait être. Toutefois, le soin avec lequel il était enveloppé dans un papier de soie et roulé dans le brevet d'officier de la Légion-d'Honneur dont votre majesté daigna honorer mon neveu l'année dernière, a donné à penser qu'il tenait beaucoup à cet objet.

— Cela est étrange! avait dit Napoléon à voix

basse en regardant fixement devant lui, mais avec distraction et comme une personne qui regarde sans voir.

— Il est présumable qu'il lui aura été donné, lorsqu'il était enfant, par une femme, sa cousine peut-être. Il avait pour elle beaucoup d'attachement.

— Vous vous trompez, Berthier, avait interrompu l'empereur en passant légèrement sa main sur son front. Oui, ma foi!.. Puis il était redevenu pensif.

— Quoiqu'il en soit, ajouta Berthier, ce fait est vraiment bizarre.

A peine le prince de Neufchâtel eut-il prononcé ce mot, qu'il fut effrayé de l'effet qu'il avait produit. L'empereur se leva brusquement, et marchant droit à lui, lui serra le bras avec une violence presque convulsive et fut quelques secondes sans pouvoir parler. Enfin il sourit, mais ce sourire avait tant d'amertume, que Berthier craignit de l'avoir offensé, surtout lorsqu'il entendit ces paroles :

— Vous vous trompez encore; ce n'est pas bizarre, c'est sublime! D'Avranges a été de parole, il a tenu son serment. Maintenant, monsieur le major-général, avez-vous autre chose à me dire?

— Non, sire.

— En ce cas, c'est bien. Occupez-vous sur-le-champ de faire ordonner les gratifications que j'ai accordées. Allez, Berthier, je désire être seul.

Et Napoléon posa ses deux coudes sur la table et sa tête dans ses mains, et il se mit à réfléchir. Le major-général le quitta en cherchant vainement quel rapport pouvait exister entre Napoléon, son malheureux neveu et un petit sabre de pain d'épices.

Voici l'explication de cette énigme.

IV

Au temps où la place Vendôme portait le nom
de *Place des Piques,* et où les pierres du monu-
ment élevé à Louis XIV étaient encore éparses çà
et là sur les pavés encadrés d'herbe verte et touffue,
en 1794, un homme vêtu d'un uniforme d'officier
d'artillerie, dont la propreté minutieuse faisait encore ressortir la vétusté, se promenait circulaire-

ment sur cette place à peu près déserte, l'air pensif
et les mains croisées sur le dos. Cet homme paraissait avoir vingt-cinq ans au plus; il était de petite taille, maigre et svelte. Ses longs cheveux noirs,
coupés *en oreille de chien,* selon la mode de l'époque, qui descendaient jusque sur ses épaules, donnaient à sa physionomie naturellement pâle, mais
animée par des yeux d'une vivacité extrême, un
caractère indéfinissable d'originalité. Cet officier
s'arrêtait de temps à autre pour contempler, d'un
air mélancolique, cette place veuve de l'espèce de
trophée qui naguère encore l'embellissait. Puis il
fixait ses regards sur le piédestal de la statue ab-
sente, et les élevait ensuite jusqu'au ciel, comme
un homme qui bâtit, en imagination, un temple,
un arc, une colonne...

L'officier était plongé dans cette espèce d'extase,
lorsqu'un jeune enfant s'élança de la porte d'un
des hôtels voisins, et s'approcha de lui à l'improviste en lui demandant avec une hardiesse toute
martiale :

— N'est-ce pas, citoyen, que vous êtes général?

— Non, mon petit ami.

— Ah!... vous n'êtes pas général! vous n'êtes
donc pas dans l'artillerie?

— Pardonnez-moi, j'ai l'honneur d'appartenir à
cette arme; mais je ne suis encore que commandant...C'est bien peu de chose, n'est-ce pas? ajouta-
t-il avec simplicité.

—Commandant! commandant! répéta l'enfant,
en ayant l'air de réfléchir; puis relevant la tête et
ouvrant de grands yeux: C'est égal, reprit-il en
grossissant sa voix, je voudrais être commandant,
moi!... J'ai entendu dire à mes oncles que c'était
déjà joli. Je voyais bien à votre uniforme que vous
étiez dans l'artillerie, quoique Job ne voulût pas
le croire; mais il ne cherche qu'à me taquiner.

— Et quel est donc ce M. Job, qui ose vous con-
trarier?

— C'est le jockey de maman. Nous étions tous les deux sur le balcon, occupés à vous regarder, là-haut, voyez-vous, où il y a écrit en rouge, à côté de la grande fenêtre : *Vivre libre, ou mourir...* Il y a au moins une heure que vous vous promenez autour de ces pierres, n'est-ce pas ?

A cette brusque demande le militaire rougit.

— Il est vrai que depuis long-temps j'attends ici quelqu'un, répondit-il en souriant.

— Alors, puisque votre ami ne vient pas, reprit le petit bonhomme en jetant autour de lui des regards curieux, je puis vous adresser une question sans crainte de vous ennuyer.

— Faites-moi toutes les questions que vous voudrez, se hâta de répondre le militaire, qui, bien qu'il ne connût pas cet enfant, se sentait pris déjà d'un intérêt tout particulier pour lui, je serai enchanté d'y répondre si je le puis.

— Eh bien! dites-moi tout de suite si vous me recevriez dans votre régiment? Je suis grand, je sais très bien lire, j'écris passablement *en fin*, et j'apprends la géographie. Mon précepteur m'a assuré que...

— Oh! oh! mon jeune camarade, interrompit l'officier, on ne prend pas les soldats à la taille, vous pouvez en juger par moi, mais à l'âge et au patriotisme. Quel âge avez-vous?

— J'aurai bientôt huit ans, citoyen! regardez-moi bien.

Et le petit bonhomme prit la position du soldat sans arme, les talons rapprochés, les coudes au corps; et se tenant droit, la tête haute, le regard fixe, il ne perdait pas, dans cette posture, une ligne de sa taille élancée et gracieuse. Le commandant le regarda un moment avec tendresse; un sourire vint de nouveau errer sur ses lèvres minces et colorées.

— Mon petit ami, reprit-il, vous êtes encore beaucoup trop jeune. Il faut avoir, à défaut de la taille exigée par l'ordonnance, la force de supporter les fatigues de la guerre.

— Mais il y a des fifres et des tambours qui ne sont pas plus grands que moi. Si Job était là, il vous le dirait; hier encore nous en avons vu passer sur le *boulevard des Droits-de-l'Homme*, à la tête d'un régiment et devant la musique : on disait même qu'ils allaient se battre à l'armée de Sambre-et-Meuse.

— C'est possible, mais ce n'est pas là une raison, fit l'officier en hochant la tête. Il ne s'agit ici que de la force, et il faut avoir celle de manier une épée; car, voyez-vous, mon jeune ami, en présence des ennemis de la patrie, le cœur et le courage ne suffisent pas.

— Oh! si ce n'est que cela, je manie très bien une épée : demandez plutôt à mes oncles, qui sont militaires comme vous, si je ne sais pas tenir même leur grand sabre d'une seule main : vous allez voir.

Et montant avec la rapidité d'un chat sur la borne près de laquelle ils causaient tous deux, le petit bonhomme, s'appuyant d'une main sur l'épaule du commandant et de l'autre saisissant la poignée de son épée, allait la tirer de son fourreau.

A ce geste inattendu, Napoléon fit un mouvement brusque, et retenant la main de l'espiègle, il lui dit d'un ton sérieux et le regard très animé :

— Un moment! personne ne touche à cela que moi! Il est de ces choses avec lesquelles un enfant ne doit jamais badiner : descendez à l'instant, monsieur!

— C'était seulement pour vous montrer, bégaya l'enfant d'un air contrit ; êtes-vous fâché contre moi, citoyen ?

En disant ces mots, il enlaça doucement de ses deux bras le cou du commandant, et, le front appuyé contre la joue du militaire, sur laquelle celui-ci sentait couler une larme brûlante, il répétait d'une voix que le repentir rendait encore plus touchante.

— Pardonnez-moi, citoyen, je ne le ferai plus jamais.

Ému au dernier point de l'émotion même de l'enfant, l'officier l'embrassa plusieurs fois :

— Non, non, lui dit-il en le posant à terre; mais je ne pouvais vous permettre l'expérience que vous vouliez tenter. Pour vous prouver que je ne vous en veux pas , et pour satisfaire votre ardeur belliqueuse, je vous offre un beau sabre de pain d'épices : l'acceptez-vous? Peut-être un jour vous en donnerai-je un d'une autre espèce; mais c'est à condition que vous ne pleurerez plus , parce que vous me feriez du chagrin, à moi aussi.

— Ah ! je veux bien, s'écria le petit bonhomme en sautant de joie et en battant des mains ; mais c'est qu'il n'y a pas de marchande de pain d'épices sur cette vilaine place, ajouta-t-il en essuyant ses yeux.

— Nous en trouverons à quelques pas d'ici, dans le *Jardin des Capucines*, si vous voulez me faire l'amitié d'y venir avec moi... Cependant, interompit-il après un moment de réflexion, ne craignez-vous pas qu'on ne soit inquiet de votre absence?.. Au surplus, je vous ramènerai à cet endroit.

— Bah ! on me laisse aller seul sur la terrasse des Feuillans ; cependant, pour ne pas faire gronder Job par maman, il faut le prévenir que je vais avec vous et que nous ne serons pas long-temps absens.

— C'est plus convenable.

— Job ! cria l'enfant en faisant un signe au jockey

qui était resté en sentinelle sur le balcon de l'hôtel, je vais au jardin des Capucines avec le commandant, acheter un beau sabre ; si maman me demande, tu lui diras que je reviendrai bientôt.

Le jockey s'était empressé d'accourir vers son jeune maître en voyant l'officier disposé à l'emmener ; mais le petit bon homme, ayant deviné les scrupules de Job, reprit d'un ton d'humeur et en frappant du pied avec pétulance :

— Puisque je vais revenir tout de suite. Et se rapprochant encore davantage du commandant qui le tenait par la main, il ajouta avec une sorte d'orgueil et de fierté dans le regard : Je le savais bien, moi, que le citoyen était dans l'artillerie ! mais tu ne veux jamais me croire.

Le militaire et son jeune compagnon eurent bientôt rencontré ce qu'ils cherchaient. Ce fut l'enfant qui lui montra du doigt une vieille femme assise devant une petite boutique de gâteaux. Lui-même choisit un sabre de pain d'épices, le plus beau qu'il pût trouver, après les avoir tous examinés et comparés les uns aux autres.

— Combien? demanda le commandant à la marchande, en fouillant dans la poche de son uniforme.

— Ceux-là, deux sous, citoyen; les autres ne coûtent qu'un sou la pièce.

Le commandant présenta à la marchande un assignat de cinq livres. C'était pour le moment sa seule fortune.

—Tenez, rendez-moi, lui dit-il.

A cette vue, la vieille femme fit un peu la grimace :

— Hélas! mon cher citoyen, dit-elle d'un ton piteux, cet assignat ne vaut plus, au jour d'aujourd'hui, que quinze sous de bon argent.

— Je le sais, répondit sèchement le militaire.

— J'aimerais mieux, si cela vous était égal, que vous me donnassiez un sou en numéraire, car je n'aurais pas assez pour vous rendre.

— Je n'ai point de numéraire sur moi, répliqua le commandant avec un léger sourire de honte, mais gardez tout.

— Ah! Jésus, bon Dieu! pour qui me prenez-vous? fit la bonne femme en reculant d'un pas; j'aime mieux vous faire crédit : vous m'avez l'air d'un ci-devant. La patrie n'est pas en danger, comme la semaine passée; vous me devrez deux sous, en numéraire, ajouta-t-elle en appuyant sur le dernier mot.

Le militaire se trouvait dans un effroyable embarras, lorsqu'au même instant il se sentit toucher doucement sur l'épaule. Croyant que c'était le petit bonhomme, il ne tourna pas même la tête; mais celui-ci, une fois possesseur du sabre de pain d'épices, avait profité du débat qui s'était élevé, pour traverser le jardin à toutes jambes et rejoindre Job, qui commençait à se repentir de ne l'avoir pas suivi.

— A ce que je vois, le commandant Bonaparte aime le pain d'épices et en fait provision !.. dit le nouveau venu d'une voix grave et sonore.

—Ah ! c'est vous, Talma... Parbleu ! mon cher, vous arrivez bien à propos ! Donnez pour moi, je vous prie, deux sous à cette bonne femme, qui n'a pas grande confiance, à ce que je crois, dans la monnaie de la république.

L'artiste tira de sa poche une pièce de douze sous, et, cette fois, la marchande se trouva assez riche pour rendre les dix sous qui revenaient sur la pièce.

— Je vous ai attendu plus d'une heure sur la

place Vendôme, mon cher Talma, dit ensuite Napoléon d'un ton de reproche amical, car nous suppo-
sons qu'on a deviné que c'était lui. Je serais parti
depuis long-temps si un charmant petit garçon…
Eh ! mais… par où est-il donc passé, l'espiègle ? fit-il
en jetant autour de lui des regards inquiets.

— Ne vous en tourmentez pas, je l'ai vu se diriger en courant et en agitant un sabre de pain d'épices qu'il tenait à la main vers l'hôtel que ses pa-
rens occupent place Vendôme. Je le connais.. Mais
pardonnez-moi, mon cher Bonaparte, si je vous
ai fait attendre si long-temps, interrompit Talma
en lui serrant une main dans les siennes, je ne fais
que sortir de la répétition.

— Le Théâtre de la République va-t-il donc enfin
nous donner quelque chose de nouveau et de
bon ?

— De nouveau, pas précisément ; de bon, je

l'espère pour mes camarades : c'est le *Charles IX* de Chénier, et cette fois j'ai recréé le rôle.....

— Que vous êtes heureux, Talma ! interrompit à son tour Napoléon avec un mélange de satisfaction et d'amertume. Vous avez obtenu les suffrages du peuple ; vous jouissez chaque jour d'un triomphe nouveau ; votre art est le premier de tous ; être applaudi chaque soir par une foule enthousiaste !... Ah ! Talma ! votre position, comme artiste, est bien supérieure à toutes les positions possibles !... Il me faudrait des victoires, à moi, pour conquérir le quart de la popularité que vous possédez déjà, et pour les obtenir, ces victoires, il faut des soldats, des canons, de l'argent...

— Et vous aurez tout cela un jour, soyez-en sûr, mon cher ; votre mérite sera reconnu, apprécié, mis en lumière et récompensé plus que vous ne croyez peut-être : c'est moi qui vous le dis.

Et prenant tout-à-coup une pose théâtrale,

Talma, avec un geste plein de dignité, toucha légèrement le bras de Napoléon, en ajoutant :

Cet oracle est plus sûr que celui de Calchas ?

— Bravo! Talma ! vous dites toujours ce vers
d'une manière admirable.

— Mon cher commandant, vous me flattez toujours, vous!... Mais ce n'est pas de cela qu'il s'a-
git à l'heure qu'il est. Nous devions aller dîner
ensemble *aux Frères-Provençaux*; une invitation
du général d'Avranges d'Haugeranville, que j'ai
trouvée chez moi hier au soir en rentrant, ne me
permet pas de dîner aujourd'hui ailleurs que chez
lui. Je suis allé le voir ce matin pour tâcher de
lui faire agréer mes excuses; impossible, on veut
absolument que je me trouve à ce dîner, où Chénier sera et où seront aussi les frères de madame
d'Avranges, César Léopold et Alexandre Berthier,
dont vous avez sans doute entendu parler; puis

Barras, Perregaux et d'autres encore... Bien plus, j'ai promis au général de vous amener avec moi ; or, il n'y a pas moyen de s'en dédire.

— Mais je ne puis aller dîner dans une maison où je n'ai pas encore été présenté.

— Vous n'avez pas besoin d'être présenté, puisque vous êtes attendu. Madame d'Avranges, ses frères, ses sœurs, qui sont fort aimables, toute sa famille, en un mot, brûlent du désir de vous voir.

— Mais, encore un coup, je ne puis y aller vêtu de la sorte! dit Napoléon avec un geste d'impatience, et jetant un regard soucieux sur son habit, dont la vétusté attestait suffisamment l'ancienneté de service : on me prendra pour un émigré, ou tout au moins pour un aristocrate, ajouta-t-il en souriant à demi.

— Mon cher, l'uniforme d'un officier supérieur

d'artillerie peut toujours aller de pair avec les clin-
quans et les panaches de nos sommités républicai-
nes. D'ailleurs, je ne suis pas fâché que vous fassiez
connaissance avec tout ce monde-là.

— Eh bien, soit! fit Napoléon ; et tâchant d'imi-
ter le geste et la voix du tragédien, il ajouta :

Ami, je m'abandonne au destin qui m'entraîne.

Seulement, poursuivit-il, vous m'excuserez auprès
de ces dames.

Talma fit un signe affirmatif et conduisit le commandant vers l'un des plus beaux hôtels de la place
Vendôme. Ils entrèrent, et la première personne
que Napoléon aperçut, quand son ami l'introduisit
dans un somptueux salon déjà rempli de monde,
fut le petit garçon au sabre de pain d'épices. En
le voyant, l'enfant s'élança de dessus les genoux de
son oncle, Alexandre Berthier, et vint se jeter dans
ses bras, en s'écriant :

— Ah! maman, c'est mon bon ami de tout à l'heure. Puis, s'adressant à Napoléon : n'est-ce pas, citoyen, que vous m'avez promis, lorsque je serai grand, de me changer ce sabre contre un beau sabre *de vrai* qui coupera bien ?

— Certainement, mon jeune ami, lui dit Napoléon en l'embrassant tendrement.

Le général d'Avranges était allé au-devant de lui et l'avait présenté à sa femme. Cette dame, après lui avoir adressé un compliment avec une grâce parfaite, dit à son fils :

— Oui, mon ange, conserve-le bien, afin qu'un jour le commandant Bonaparte n'ait pas plus à se repentir de t'avoir donné ce sabre de pain d'épices qu'un sabre de colonel.

C'est de ce jour que date la fameuse amitié qui exista, pendant dix-huit ans, entre Napoléon, le jeune d'Avranges et Alexandre Berthier. Peut-être même, et sans que le major-général de l'armée s'en fût jamais douté, le souvenir de ce sabre de pain d'épices contribua-t-il à placer dans ses mains l'épée de vice-connétable, qu'au reste il était si digne de porter.

Quant à Talma, tout le monde sait avec quelle bienveillance et quelle générosité l'empereur le traita toujours. Plus d'une fois, en payant ses dettes, Napoléon acquitta celle que le commandant d'artillerie avait contractée jadis envers le grand acteur à l'égard de la pauvre marchande de pain d'épices du jardin des Capucines.

Maintenant, reportons-nous à dix-neuf ans plus tard, c'est-à dire au commencement de l'année 1813.

V

Un dimanche du mois de mars 1813, six semaines avant le départ de l'empereur pour cette
malheureuse campagne de Saxe, qui devait se ter-
miner par le grand désastre de Leipzick, Napoléon
passait en revue, dans la cour des Tuileries, les
troupes qui devaient le lendemain même rejoindre
la grande armée, et malgré l'enthousiasme que sa

présence faisait toujours éclater parmi les troupes, pour l'augmenter encore et stimuler davantage les sentimens de patriotisme dont elles paraissaient animées, l'empereur se fit amener le roi de Rome ; et le prenant dans ses bras, il parcourut les lignes des régimens en montrant son fils aux soldats. Ce fut alors comme un délire qui se manifesta par des vivats et des protestations dont la sincérité ne pouvait être suspectée, car il était facile de voir que ces cris partaient du cœur. Napoléon en fut profondément ému, et rentra au palais dans une disposition d'esprit dont plus d'un courtisan sut habilement profiter.

En traversant la grande galerie, encombrée ces jours-là de personnages de toutes sortes dans la hiérarchie civile et militaire, il caressait son fils, le couvrait de baisers, et faisait remarquer à ceux qui l'entouraient l'intelligence précoce de cet enfant.

— Il n'a pas eu peur du tout, dit-il avec bonhomie à quelques officiers-généraux devant lesquels il s'était arrêté; il semblait deviner que tous les braves que je lui ai fait voir étaient de la connaissance de son *papa*.

Puis il parla à ceux qui s'approchaient de lui pour quêter un regard ou une parole, tout en pinçant doucement le bout du nez de l'enfant qu'il tenait toujours dans ses bras, ou en lui tirant les mèches de cheveux blonds qui s'échappaient de son petit béguin de velours vert parsemé d'étoiles d'or.

Apercevant son premier architecte confondu dans un groupe de membres de l'Institut, il fit quelques pas de ce côté.

— Eh bien! monsieur Fontaine, lui demanda-t-il avec gaîté, songez-vous à notre palais du roi de Rome? Avance-t-il?

L'architecte s'inclina respectueusement en signe d'affirmative.

— Mon fils l'habitera un jour, ajouta-t-il.

Et ses regards s'étant fixés sur l'enfant avec tout l'orgueil de la tendresse paternelle, il l'embrassa une dernière fois avec effusion, et le remit aux mains de sa gouvernante. Mais en le voyant parcourir cette longue galerie d'un pas encore mal assuré, son front devint tout-à-coup soucieux, et lorsque l'huissier eut refermé les deux battans sur le jeune prince, Napoléon dit à demi-voix, après un soupir :

— Oui!... nous te bâtissons un beau palais!... Et s'ils nous accablent, cette fois, tu n'auras peut-être pas de chaumière.

Ces paroles de l'empereur sont d'autant plus remarquables qu'elles semblaient être prophétiques. Cependant son visage reprit bientôt toute sa sérénité, et il commença de faire ce qu'il appelait *sa tournée*.

On sait qu'après les grandes parades, les officiers-généraux et les colonels de régimens qui avaient passé sous les yeux de l'empereur, se réunissaient dans cette galerie, et que là, Napoléon distribuait lui-même la part d'éloge ou de blâme aux chefs de corps dont les troupes avaient bien ou mal manœuvré. Cette fois il n'eut que des paroles flatteuses à adresser à chacun d'eux. A celui-ci il dit : « Je vous fais compliment sur le choix des hommes dont vous avez formé vos compagnies d'élite. » A un autre : « Vos officiers et moi nous nous sommes vus sur plus d'un champ de bataille. » A un quatrième : « Vos chevaux semblent avoir la même ardeur que leurs cavaliers ; c'est d'un heureux augure. » Puis avisant tout-à-coup, à l'extrémité de la galerie, un jeune colonel de cuirassiers, il se dirige vivement de ce côté et s'arrête en face de lui. Sa physionomie semble rayonner de joie.

— Bonjour, monsieur d'Avranges, lui dit-il avec un accent qui dût faire battre le cœur du jeune colonel ; je suis bien aise de vous voir ici avant votre départ. Comment se porte madame votre mère?

Napoléon avait tenu la promesse qu'il avait faite au jeune d'Avranges dix-neuf ans auparavant. Dès l'âge de dix-sept ans, ce jeune homme était sorti du Prytanée français pour entrer dans une école militaire, où il était resté deux ans ; et avec l'épaulette de lieutenant, il avait fait dans un régiment de cavalerie les campagnes de Prusse et de Pologne. A Wagram, où il s'était particulièrement distingué, d'Avranges avait été décoré et nommé capitaine sur le champ de bataille. Avant l'expédition de Russie, il était déjà chef d'escadron ; au retour de cette désastreuse campagne, l'empereur l'avait nommé colonel, et de plus officier de la Légion-d'Honneur. Il avait à peine vingt-huit ans ; mais il est juste de dire que, malgré les services éclatans du jeune d'Avranges, le souvenir que Napoléon en avait conservé, joint à sa parenté avec le prince de Neufchâtel, avait peut-être un peu contribué à ce rapide avancement, qui n'était pas sans exemple à cette époque.

A la question de l'empereur, le jeune d'Avranges, baissant modestement les yeux, répondit :

— Sire, ma mère est bien âgée ; cependant sa santé est assez bonne pour lui permettre d'aller chaque jour adresser au ciel des vœux sincères pour le bonheur de votre majesté et pour la gloire de ses armes.

— Je sais que madame d'Avranges est très pieuse ; je sais aussi qu'elle donne journellement à sa famille l'exemple des vertus et de l'obéissance qu'on doit au souverain qui se sacrifie pour le bonheur de tous... A propos, colonel, interrompit Napoléon d'un ton moins solennel et en changeant de manières et d'inflexion de voix, vous rappelez-vous encore notre première entrevue sur la place Vendôme ? Il y a long-temps de cela !

— Ah ! sire, le souvenir m'en est toujours présent à la mémoire.

— C'est comme à moi. Je n'étais alors que simple commandant d'artillerie, ajouta-t-il en hochant la tête ; tandis que vous, aujourd'hui, vous êtes colonel. Vous commandez, moi j'obéissais; et cependant je n'étais guère moins âgé à cette époque ' que vous ne l'êtes à présent.

— Oui, sire, répliqua d'Avranges en souriant, mais depuis votre majesté a bien su rattraper le temps perdu.

Cette réponse fit à son tour sourire l'empereur, qui reprit aussitôt :

— Ma foi, mon cher, j'espère que vous n'avez pas à vous plaindre non plus. Il est vrai que les temps sont bien changés; mais on regrette toujours celui de sa jeunesse, celui où on *croquait* des sabres de pain d'épices, n'est-ce pas? avait-il ajouté avec un coup-d'œil significatif. Vous rappelez-vous celui que je vous donnai pour faire la paix, car nous nous étions un peu brouillés?

— Ah! sire, je ne le *croquai pas,* je le conservai religieusement : je l'ai encore.

Et comme en disant ces mots le colonel était vivement ému :

— Bah! vraiment, dit l'empereur d'un ton de surprise et de ravissement tout à la fois, au moins n'est-ce pas de ce sabre-là que vous vous êtes si bien servi à la tête de votre escadron, à la Moscowa?

— C'est vrai, et cependant je l'ai emporté avec moi dans toutes mes campagnes.

— Eh bien! colonel, si vous l'emportez encore, dit l'empereur avec un gracieux sourire, je souhaite bien sincèrement que vous le rapportiez de même au retour de celle-ci.

— J'ai fait le serment à ma mère de ne le quitter qu'avec la vie, reprit d'Avranges avec feu, et croyez-le, sire, je tiendrai ma promesse.

A ces paroles prononcées avec effusion, Napoléon regarda fixement d'Avranges, puis lui faisant de la main un petit salut, il passa outre en lui disant encore de cette voix qui allait au cœur :

— Adieu donc, colonel ; bientôt, je l'espère, nous nous reverrons.

On sait le reste.

UNE CONVERSATION

DE NAPOLÉON.

I

Le dernier jour de la carrière politique de Napoléon semblait arrivé. Il devait dire un éternel adieu
à la France, à cette France qu'il avait gouvernée
avec tant de puissance et d'éclat.

Ce fut, comme on sait, le **20** avril **1814** qu'il
quitta Fontainebleau ; il arriva à Luc le **27**, où sa

sœur Pauline l'attendait dans un château voisin. Il la quitta après un entretien touchant pour se rendre à Fréjus, et dans la nuit du **28** au **29**, il passa sur une frégate anglaise dans le port de Saint-Ra-pheau.

La lettre que l'on va lire donne le récit de la conversation qu'il eut la veille de son embarquement pour l'île d'Elbe. Ce document, que le hasard nous a procuré, contient des détails curieux et jusqu'alors ignorés.

Paris, ce 5 mai 1814.

A ***.

MONSEIGNEUR,

« J'ai l'honneur de vous remettre, ainsi que vous m'en avez témoigné le désir, les détails de l'entretien que j'ai eu avec l'ex-empereur Napoléon, au moment où je me présentai chez lui, à Fréjus, pour l'embarquer et le conduire à l'île d'Elbe.

« Il me témoigna d'abord ses regrets d'avoir pris

des engagemens avec les Anglais, et de ne point passer sur les bâtimens que je lui avais conduits. Il me dit:

« — Si je donnais contr'ordre pour mon départ et si je m'embarquais avec vous, les Anglais, qui sont maîtres de la mer, ne pourraient-ils pas s'opposer à votre passage et occasionner quelques discussions graves. On m'avait promis une corvette, on m'envoie un brick : ce n'est pas convenable. Les Anglais m'ont offert une frégate et même un vaisseau à trois ponts; l'on me traite fort mal. On aurait dû avoir plus d'égards pour la dignité de la couronne que j'ai portée.

« Je lui répondis que vous, monseigneur, vous vous étiez servi de ces mêmes dernières expressions dans les instructions particulières que vous m'aviez données; que tous les égards et le plus grand respect m'étaient recommandés; que la frégate *la Dryade* était à sa disposition.

« Il avait d'abord paru aigri contre vous; mais quand je lui eus rendu vos paroles précises sur les égards et le respect *dus à la couronne qu'il a portée*, quand je lui appris que la corvette était là comme sa propriété, et la frégate pour y suppléer dans le passage et y être à sa disposition, il revint de cette première impression, et me réitéra alors ses regrets d'avoir pris des engagemens. Se radoucissant sur votre compte, il me dit :

« — Je n'ai pas eu l'idée que M. Malouet, qui est un homme judicieux, ait pu faire une chose inconvenante. Très certainement, j'aurais préféré passer dans la cale d'une tartane française, plutôt que sur un vaisseau à trois pont anglais. Au surplus, je ne suis pas le maître, je dépends des commissaires des puissances alliées chargés de diriger ma route. En m'embarquant sur un bâtiment anglais, je me livre entièrement, ignorant ce qu'on voudra faire de moi. Il est affreux que je sois tombé à la disposition de mes ennemis, de gens que naguère mon nom seul faisait trembler.

« Il me pressa alors de l'accompagner avec ma frégate et la corvette *l'Inconstant ;* à quoi je lui fis observer que ne commandant pas l'escorte, je ne pourrais en faire partie, et que je ne subordonnerais jamais mon pavillon au pavillon anglais.

Napoléon reprit :

« — De Fontainebleau à Valence, j'ai été accueilli avec de vives acclamations par les troupes et par les habitans des villages. Les soldats de l'armée du général Augereau, particulièrement, m'ont exprimé le plus vif intérêt. J'avais rencontré ce maréchal à peu de distance de ses troupes, nous avions conversé ensemble, et avant de nous quitter, il m'avait témoigné des sentimens auxquels j'aurais dû croire. Mais je fus bientôt détrompé par ses soldats : l'un d'eux, paraissant un ancien serviteur, sortit des rangs et me dit :

« — Vous avez rencontré le maréchal Augereau,
« sire, il vous trompe ; vous paraissez en douter, et
« pour vous le prouver, voilà sa proclamation. »

« — J'avoue, continue Napoléon, qu'elle m'é-
tonna effectivement. J'engageai alors ces militaires à
rester paisibles et fidèles à leurs devoirs, et je les
quittai, au milieu des acclamations de : *Vive l'empereur !* Dans plusieurs endroits de mon passage,
j'ai reçu, entre autres preuves d'intérêt du peuple,
des billets jetés dans ma voiture qui exprimaient
les regrets qu'on avait de mon départ. Enfin, la
réception qu'on me faisait était telle que j'aurais pu la désirer si j'avais été encore empereur
des Français... Dès mon entrée en Provence, j'ai
été horriblement traité, surtout à Orgon, à
Avignon et à Aix : les femmes, les enfans et la
populace m'ont indignement outragé, et sans les
étrangers qui étaient avec moi, j'aurais couru
les plus grands dangers. Cela m'a fort affecté ;
je ne sais ce que j'ai fait aux Provençaux...

« On sait, en effet, que les habitans d'Orgon,
surtout, se signalèrent par les plus violens excès. A
Avignon, les femmes, transformées en furies, s'ac-
crochèrent à sa voiture et l'accablèrent d'outrages.
A Aix, il courut aussi les plus grands dangers, et
ce ne fut qu'à la faveur d'un déguisement qu'il
put échapper aux assassins et aux fanatiques.

« — Si j'avais voulu continuer la guerre, dit
encore Napoléon, je le pouvais, même devant
Paris, où une poignée de traîtres m'ont lâchement
abandonné. Il m'était également facile d'établir la
guerre civile en France, en accueillant les élans
d'intérêt des troupes et des habitans de quelques
communes; mais ce n'était point mon intention.
D'ailleurs, à quoi bon? j'aurais occasionné la perte
de beaucoup de monde; j'aurais pu succomber
tôt ou tard, et mes partisans auraient été, ainsi
que leurs familles, entraînés avec moi. Je fais et
je ferai des vœux pour le bonheur de la France,
mais je ne crois pas que les armées étrangères y
contribuent...

Après un silence...

« — Des puissances m'ont offert un asile : les Anglais, en me faisant cette offre, m'ont dit que ce serait honorer leur territoire... Mais non !...

Autre silence...

« — Ma carrière est finie. Je me retire à l'île d'Elbe. Ce sera pour moi l'île du repos ; et, quoiqu'il en puisse arriver, je serai toujours un soldat français et pas autre chose...

« Dans le courant de cette conversation, qui dura environ deux heures, il m'entretint de l'armée navale, de sa police, de ses manœuvres, de la construction et de l'aménagement des vaisseaux, du bon esprit qui règne dans l'armée, de l'affection et de l'estime particulière qu'elle lui porte, de la conduite sage que cette armée a tenue dans les circonstances présentes pour se conserver intacte. Il me dit personnellement des choses agréables,

et qu'il vous savait gré de m'avoir choisi pour effectuer son passage à l'île d'Elbe.

« Je dois vous faire connaître, monseigneur,
que sur la route de Toulon à Paris, j'ai trouvé
partout la confirmation de tout ce que m'avait
dit Napoléon. En Provence, une grande exaspé-
ration règne contre lui ; j'y ai acquis la preuve
de ce que le général Bertrand m'avait rapporté ;
que l'ex-empereur avait été obligé, pour échapper
à la fureur de la populace dans plusieurs endroits,
de se déguiser, de quitter sa voiture, et de voyager
à cheval avec un seul domestique.

« De Valence à Fontainebleau, et même jusqu'à
Villejuif, j'ai eu lieu de remarquer des signes d'intérêt
et de regret, non-seulement de la part des soldats,
mais aussi de la part de quelques bourgeois et gens du
peuple, particulièrement à Lyon, Vienne, Nevers et
Moulins. J'ai causé avec plusieurs de ceux que j'ai
rencontrés, et j'ai voulu savoir pourquoi les uns paraissaient regretter Napoléon, et les autres étaient si

froids. Les gens du peuple ou bourgeois, qui paraissaient faire exception à la joie générale, ne m'ont dit autre chose, si ce n'est : *Nous verrons par la suite si nous serons plus heureux.* Les soldats, particulièrement ceux de la garde, exprimaient nettement leurs regrets. A Lyon, lors du passage de la garde, il y eut de la fermentation, et par prudence, on fit cantonner les troupes dans le faubourg de la Guillottière, avec défense d'entrer dans la ville.

« J'ai appris en route, par M. le général Schouwaloff, que Napoléon s'est embarqué à Saint-Rapheau sur la frégate anglaise *l'Indomptable*, dans la nuit du 28 au 29 avril, et qu'au moment de son embarquement, à onze heures du soir, il a été salué de vingt-et-un coups de canon.

« Je suis avec respect,

« De Votre Excellence,

« Le très humble et très obéissant serviteur,

« *Signé,* DE MONCABRIÉ,

« capitaine de vaisseau. »

« *P. S.* Je me rappelle maintenant l'une des
phrases remarquables de Napoléon. Elle m'avait
échappé, et la voici :

« — J'aurais pu mourir, m'a-t-il dit, après tout
ce qui m'est arrivé… mais j'ai pensé qu'il y avait
plus de courage à vivre et à supporter mes malheurs !… »

TRIGAUD ET KOBILINSKI.

→ RETRAITE DE MOSCOU. —

Cet épisode du grand drame de 1812 aurait passé
inaperçu comme tant d'autres traits isolés de courage et de dévoûment, si un témoin n'en eût recueilli
le souvenir. C'est de sa bouche même que nous te-
nons les détails suivans :

Après être sorti de Moscou, le 18 octobre 1812,
Napoléon, accompagné du maréchal Davoust qui

commandait le premier corps, commença cette longue retraite si désastreuse pour la grande armée. A la suite d'une marche que rendaient plus difficile encore l'état marécageux des chemins et une pluie continuelle, l'empereur était arrivé le 23 à Borowsk avec son quartier-général et y avait passé la nuit. Le lendemain matin, comme il indiquait l'ordre de marche à suivre pour gagner Malo-Jaroslawetz et Ouvarowshé, où il comptait faire séjour, il apprit que, devant lui, à quatre lieues de distance, la division Delzons du quatrième corps, sous les ordres du prince Eugène, avait trouvé inoccupée par les Russes la ville de Malo-Jaroslawetz, ainsi que les hauteurs et les bois qui la dominent. Cette position était importante ; Kutusof, qui marchait parallèlement avec les colonnes françaises, pouvait encore s'en emparer et nous couper la route de Kalouga. Songeant aussitôt à assurer par sa présence la libre possession de ce point, l'empereur se porte du côté où il suppose devoir être le général russe, et malgré une pluie battante, il examine tranquillement le terrain

qui, peut-être, va devenir un champ de bataille. Tout-
à coup le bruit lointain d'un combat, qui semble
vif, arrive jusqu'à lui. Il s'inquiète, et pressant son
cheval, il court se placer sur un petit monticule d'où
il espère tout voir ; mais le rideau de bois qui l'entoure l'empêche de rien distinguer. Il écoute plus
attentivement : le bruit augmente.

— Les Russes nous auraient-ils prévenus? demande-t-il à Davoust qui ne l'a pas quitté ; n'aurions-nous pas mis assez de rapidité dans nôtre
marche! Je ne voulais que dépasser le flanc gauche de Kutusof.

— Sire, répond le prince d'Eckmül, peut-être y
a-t-il eu de la part des troupes, dans la manœuvre
prescrite par Votre Majesté un peu de cet engourdissement qui suit toujours un long repos après de
grandes fatigues.

— Croyez-vous, monsieur le maréchal ? Cependant nous avons déjà fait plus de seize lieues.

— Il est vrai, sire, mais Moskou n'est séparé de Malo-Jaroslawetz que de cent dix werstes tout au plus; quatre journées suffisaient pour franchir cet espace, on en a mis six; Kutusof nous aura devancés.

— Est-ce donc une bataille? s'écrie de nouveau Napoléon; car le bruit de la mousqueterie parvient à son oreille plus distinct et plus rapproché. Allons, Davoust, allez et pressez vos troupes, ajouta-t-il d'un ton d'humeur; car il s'agit maintenant, non plus de conquérir, mais seulement de conserver.

Malgré l'empressement que mit le maréchal à exécuter les ordres de Napoléon, il n'arriva sur le champ de bataille que lorsque le succès de la journée était assuré. Cependant on se battait encore avec acharnement à l'extrémité de la ville, et lorsque la deuxième division du premier corps, commandé par le général Friant, vint prendre position sur une des hauteurs de Malo-Jaroslawetz, le canon de l'ennemi tira avec une nouvelle ardeur. Davoust

dépêcha aussitôt un de ses aides-de-camp, le colonel Kobilinski, au prince Eugène ; mais en traversant la ligne de bataille, cet officier supérieur fut
atteint par un boulet *en plein fouet* qui lui emporta
la cuisse et le laissa pour mort sur le terrain.

Le soir de ce brillant combat, dont le succès
appartient tout entier au 4ᵉ corps, selon l'expression
du *Bulletin*, le prince d'Eckmühl, qui ignorait encore le sort funeste de son aide-de-camp, parcourait,
dans l'espoir d'en avoir des nouvelles, le champ de
bataille qui présentait le spectacle le plus horrible.
Tout en s'informant de Kobilinski, il s'était arrêté
un moment à l'endroit où, quelques heures auparavant, Delzons, jugeant la victoire assurée, l'annon-
çait à ses soldats, lorsqu'une balle russe l'atteignit au front. Son frère, général comme lui, le
ouvrant de son corps, avait voulu l'arracher de la
mêlée ; mais une seconde balle avait frappé celui-ci
au cœur, et tous deux étaient morts en se tenant
étroitement embrassés. Davoust, ému à ce récit,

donnait des éloges à l'héroïsme des deux frères, lorsqu'un homme couvert de sang, se soulevant avec effort du milieu d'un monceau de cadavres, fit entendre ces mots prononcés d'une voix dolente : « Hélas! mes amis, me laisserez-vous mourir sans secours? »

Cette voix est celle de Kobilinski : Davoust l'a reconnu. Il saute à bas de son cheval, se précipite sur le corps de son aide-de-camp, le soulève dans ses bras, lui parle, cherche à le ranimer et envoie chercher des chirurgiens. Ceux-ci arrivent et examinent la blessure. Le malheureux Polonais a eu la cuisse emportée un peu au-dessous de la hanche, son état est désespéré. Un des praticiens a échangé avec le maréchal un de ces coups-d'œil qui ne laissent aucun espoir.

— N'importe, dit Davoust à voix basse, il faut tâcher de le sauver; messieurs, faites votre devoir.

L'effet du boulet avait occasionné un tel désordre

dans les chairs, qu'une nouvelle amputation fut jugée nécessaire. Un chirurgien-major la pratiqua aussitôt en présence même du prince d'Eckmühl, qui tenait une des mains de Kobilinski. Le brave Polonais supporta cette opération avec un courage stoïque. Le premier appareil posé, Davoust adressa encore des paroles d'espérance et de consolation à son aide-de-camp, l'embrassa avec une tendre effusion, et, après l'avoir recommandé aux soins de ceux qui l'entouraient, il remonta à cheval pour aller rejoindre l'empereur, qui l'attendait avec impatience.

Pendant le combat et tout le reste du jour, Napoléon était resté en observation, à droite de la grande route de Moscow à Malo-Jaroslawetz, sur le bord du ruisseau le Ghorodina, dans la chaumière d'un pauvre tisserand. C'était dans une chambre infecte, partagée en deux pièces au moyen d'un rideau de grosse toile, que le sort de la Grande-Armée et le succès de la retraite se décidaient.

Lorsque Davoust y arriva, Napoléon était avec Murat, Eugène, Bessière, Berthier et Rapp. Cette chétive demeure renfermait ainsi un empereur, deux rois, trois maréchaux et un général. On avait déjà discuté avec chaleur sur le plus ou moins de sécurité qu'il y aurait à faire prendre à l'armée telle ou telle direction. Cette discussion stratégique s'était échauffée et aurait infailliblement dégénéré en personnalités, comme cela n'arrivait que trop souvent, lorsque Napoléon y mit fin en disant d'une voix brève : Assez, messieurs ! je me déciderai.

Puis il s'était assis devant une petite table, la tête appuyée dans ses deux mains, sans doute pour cacher l'anxiété peinte sur son visage. Tous les assistans avaient respecté le silence imposé par le maître, lorsque Murat, qui n'agissait jamais que par boutade, le rompit en voyant entrer Davoust. Depuis le commencement de la campagne, une rivalité animait ces deux chefs l'un contre l'autre. Le combat qui venait d'avoir lieu et auquel Murat n'avait

pris aucune part avait encore aigri sa jalousie. Jetant donc un regard plein d'audace au maréchal, il
s'écria en gesticulant vivement, selon son habitude :

— Eh bien! qu'on m'accuse encore d'impru-
dence et de témérité! Je prétends, moi, qu'à la
guerre les circonstances sont tout, et que parfois
la véritable prudence, c'est la témérité. Sire, donnez-moi seulement la cavalerie dont peut disposer
M. le prince d'Eckmühl, et je promets qu'avec elle
je refoulerai jusque dans leurs forêts ces bataillons
russes dont nous sommes, dit-on, entourés, et qui
voudraient couper à Votre majesté la route de Kalouga.

Napoléon, prévoyant un nouvel orage, leva la
tête et fit tomber toute cette jactance de son beau-
frère, en disant froidement :

— C'est assez de témérité, vous dis-je : on n'a

que trop fait pour la gloire; il est temps de songer
au salut de l'armée.

Davoust se contint et dit avec calme, sans même
regarder le beau-frère de l'empereur :

— Sire, votre majesté devrait déshabituer le roi
de Naples de ces attaques inutiles qui ne font que
fatiguer et appauvrir la cavalerie. Croyez-moi, sire,
elle est bonne à conserver dans une retraite comme
celle qui se prépare.

— Monsieur le prince d'Eckmühl a trouvé un
excellent moyen pour cela, répliqua Murat avec
dédain; c'est d'empêcher ses soldats de se battre,
comme il l'a fait ce matin. Cette recette, j'avais
cru jusque-là qu'il la gardait pour lui seul.

Davoust, qui avait prouvé tant de fois sa bravoure, piqué au vif du reproche injuste qui lui
était adressé, répondit aussitôt, mais cette fois en
se contenant à peine :

— Sa majesté le roi de Naples sait très bien que si le 1er corps n'a pris aucune part au glorieux combat de ce matin, c'est que son altesse impériale le vice-roi n'a besoin du secours ni des conseils de personne quand il agit; et cependant, à cette heure, ajouta-t-il avec émotion en se retournant vers l'empereur, j'ai à regretter la perte d'un des plus braves officiers de votre majesté. Oui, sire, mon aide-de-camp, le colonel Kobilinski, a été frappé par un boulet en traversant la ligne de bataille. Au surplus, je doute que S. M. le roi de Naples, même à la tête de la cavalerie, eût été d'un grand secours à Malo-Jaroslawetz; son altesse impériale le vice-roi et *d'autres*, sire, (le maréchal appuya sur ce mot) ont prouvé qu'en présence des ennemis de votre Majesté ils savaient se passer du roi de Naples.

A ces paroles, Murat, exaspéré, allait répliquer, lorsque Napoléon, qui jusqu'alors avait semblé indifférent à ces débats, se leva brusquement de l'escabeau sur lequel il était assis, en disant d'un accent d'autorité qu'il ne prenait que rarement, mais qui était irrésistible.

— Encore une fois, assez, messieurs! Seul je puis disposer comme bon me semble des troupes que je place sous le commandement de chacun de vous. Personne ici n'a d'ordres à recevoir que de moi, de moi seul, entendez-vous bien! Quant à vous, monsieur le prince d'Eckmühl, reprit-il d'un ton plus doux, vous allez former l'avant-garde avec le premier corps. Vous vous retirerez par Medy, sur Smolensk, par où doit désormais s'opérer la retraite : vous m'y attendrez si vous y arrivez avant moi. Allez, monsieur le maréchal, allez rejoindre vos divisions; votre présence doit être nécessaire à vos soldats.

Davoust, satisfait de ces paroles, se retira à son quartier-général; mais avant de congédier Murat, qui bouillait de colère, Napoléon prévint doucement son beau-frère que si ses interminables querelles avec le prince d'Eckmühl se renouvelaient

encore une seule fois, il le mettrait. lui, roi de Naples et des Deux-Siciles, à l'ordre de l'armée et qu'il
le renverrait dans ses états.

Déjà les deux premières divisions du premier
corps exécutaient le mouvement ordonné par l'empereur, lorsqu'un officier d'état-major que Davoust
avait envoyé s'informer de l'état de Kobilinski, vint
lui annoncer que, contre toutes les prévisions, cet
officier vivait encore. Le maréchal en eut une grande
joie ; mais les ambulances étaient restées en arrière : qu'allait donc devenir le pauvre blessé? Une
soudaine résolution vint éclairer l'esprit du maréchal. Se portant aussitôt vers le front du 48ᵉ
régiment de ligne qui défilait, il s'adresse à la compagnie de grenadiers du 2ᵉ bataillon qui s'arrête à
sa voix :

— Grenadiers! leur dit-il, mon aide-de-camp,
le colonel Kobilinski, a eu hier la cuisse emportée
par un boulet en vous donnant l'exemple de l'obéis-

sance et du courage : c'est un Polonais. Le laisserez-vous au pouvoir des Russes?

— Non! non! vivent les Polonais! s'écrièrent en masse les soldats.

— Vive l'empereur! crièrent ceux qui avaient mal compris ou qui n'avaient point entendu les paroles du maréchal.

— Voyons donc! reprit Davoust en promenant ses regards sur cette compagnie qui avait conservé toute la sévérité de la tenue; y a-t-il parmi vous quatre hommes de bonne volonté?

A cette invitation, un grenadier sort précipitamment de son rang :

— Voilà! dit-il en se redressant.

Il est immédiatement suivi d'une douzaine d'autres : toute la compagnie fait de même ; alors le ma-

réchal s'adressant au grenadier qui le premier a
donné l'élan :

— Ton nom? lui demanda-t-il.

— Joseph Trigaud.

— Bien!... Trigaud, c'est à toi que je confie mon
aide-de-camp. C'est un dépôt sacré, entends-tu!
Toi et tes camarades vous me répondrez de lui. Et
vous autres, soyez-lui en garde comme à votre drapeau !

— Oui! oui!. . Vive l'empereur!... Nous en ré-
pondons! s'écrièrent tour à tour les grenadiers.

Un brancard est dressé à l'instant, et le Polonais
est porté au centre de la compagnie, qui suit lentement le mouvement rétrograde de l'armée.

Cependant cette retraite, commencée d'abord en
bon ordre, allait, par suite de l'intensité du froid,
présenter un aspect effrayant de désorganisation.

d'égoïsme et de misère. La compagnie de grenadiers cheminait lentement, et pour ainsi dire isolée, au milieu des plaines immenses couvertes de débris de l'armée. Tantôt formée en cercle autour du brancard de Kobilinski, elle repoussait avec la baïonnette les charges échelonnées et régulières des dragons de Miloradowitch, ou bien, à l'aide d'un feu roulant, les houras inattendus de l'hetman Platow. Tantôt, reprenant l'offensive, mais toujours calme, silencieuse et inébranlable, elle se faisait jour, après une brusque attaque, à travers les masses ennemies. Toutefois, le 50 novembre, à Viasma, le 1er corps avait déjà perdu dix mille hommes, et la compagnie de grenadiers du 48e était réduite de moitié... Mais pourquoi ces braves, pour ainsi dire abandonnés à eux-mêmes, ne conservaient-ils pas moins, au milieu du découragement général, cette force morale qui maîtrise les événemens? C'est que ce n'était plus leur vie qu'ils défendaient, c'est qu'un des plus illustres maréchaux de l'empire, un des premiers lieutenans de leur empereur leur avait

dit : « Je confie mon aide-de-camp à votre honneur,
à votre bravoure. Vous me le ramènerez. Aussi,
après trois semaines de luttes continuelles, le peu
d'hommes qui restaient encore de cette héroïque
compagnie repoussaient-ils comme un outrage la
prière du Polonais qui, se voyant l'objet de tant de
sacrifices et de souffrances, suppliait ceux qui veil-
laient à sa conservation, non de l'abandonner, mais
de l'achever.

— Il faut, disait-il à Trigaud dans ses accès de
découragement, que tu sois bien lâche pour ne pas
oser me brûler la cervelle !

— Mon colonel, répondait celui-ci avec sa
stoïque tranquillité, vous avez beau me *chercher
des raisons injustes*, je m'en moque. Mort ou vif,
il faut que nous vous rapportions à Smolensk : c'est
la consigne du maréchal, qui ne badine pas avec le
service.

— Que ne m'avez-vous enseveli dans la neige,

hier, quand ces cosaques vous ont attaqués ! aujour-
d'hui je ne souffrirais plus.

— Ils vous auraient écorché vif, répondait Trigaud, qui pendant le houra de la veille avait fait
un rempart de son corps au blessé, et avant que des
mangeurs de chandelles *jouissent* de votre peau, il
leur faudra avoir pris la mienne : c'est convenu ;
mais pour cela je leur conseille de choisir une autre
paire de mitaines que celle de leur grande tenue
d'hiver. Oh ! les vilains sauvages...

— Vous n'avez pas de cœur ! répétait le Polonais
dans son transport fiévreux en s'agitant sur son
brancard.

— Fixe et du calme, mon colonel ; vous savez
que les carabins du maréchal disent que c'est de
première nécessité à ceux qui se trouvent *indisposés*
comme vous. Voilà pourquoi vous avez tort de nous
dire des choses *désagréables* ; quant à moi, ça m'est
égal, je ne vous réponds pas : c'est comme si vous

chantiez la *Mère Camus*; mais vous en prendre aux
ol dats du centre dans leur position, vraiment c'est
peu délicat de votre part!

Celui qui parlait ainsi faillit, le 9 septembre
suivant, être englouti avec tous ses camarades au
passage du Vop, en protégeant le précieux dépôt
qui lui était confié. Les eaux de ce torrent s'étaient
métamorphosées, dans l'espace de vingt-quatre heures, en glaçons massifs et tranchans, et beaucoup de
grenadiers périrent dans cette circonstance. A quelques jours de là, Trigaud se réveillait, lui cin-
quième de sa compagnie, de l'engourdissement qui
avait causé la mort de ses camarades, pendant une
de ces fatales nuits de désastre et de deuil qui ont
laissé dans nos annales militaires tant d'horribles
souvenirs. Vers le soir, on avait découvert, à l'ho-
rison brumeux, dans la direction de la route de
Wolodimérowa, jalonnée de distance en distance
par des cadavres dépouillés, un rideau de maisons:
c'était Smolensk, cette terre promise, cette nou-

velle Capoue avec ses délices tant désirés : du feu,
un abri, de la paille et l'espoir d'un peu de pain.
Un cri de joie avait ranimé le courage des cinq braves qui soutenaient encore le brancard sur lequel
gisait le colonel Kobilinski... Trois cependant tom-
bent morts en vue du faubourg de la ville; un quatrième fait quelques pas encore... puis un seul, un
seul grenadier, Trigaud, dispute aux élémens dé-
chaînés le corps inanimé du Polonais. Ne pouvant
seul le porter, il le traîne; il rampe avec lui... Puis
un horrible silence suivit jusqu'au moment où apercevant au loin quelques hommes isolés, qu'on appelait encore pompeusement la 2ᵉ division du 1ᵉʳ
corps, il cria au secours, il supplia... Ses prières
furent écoutées ; on lui vint en aide. Enfin, un dernier cri de victoire est poussé par le grenadier, car
il est dans Smolensk, après vingt-deux jours de
combats, de fatigue et de misère. Il est entré seul de
sa compagnie, il est vrai; mais n'importe, il a rempli religieusement la promesse qu'il a faite au prince
d'Eckmühl

Le lendemain Trigaud, apprenant que l'empereur est à Smolensk depuis le 10 octobre, s'informe
du maréchal, qui a dû y arriver peu de temps après.
(On était au 15). Il parcourt cette ville devenue
un vaste hôpital protégé par le bivouac, plus
vaste encore, qui l'entoure. Des squelettes, des
chevaux disséqués jusqu'aux os, sont étendus çà et
là dans les rues; les portes et les fenêtres des maisons ont servi à alimenter les feux dont on foule aux
pieds les charbons mal éteints. C'est dans une de ces
maisons du faubourg que le prince d'Eckmühl a
établi son quartier-général. Le grenadier retourne
sur ses pas, et aidé de quelques soldats de son régiment qu'il rencontre sur son chemin, il trans-
porte le Polonais moribond jusqu'au logement de
Davoust, et le dépose à la porte sur un peu de paille;
puis il entre dans la maison, et s'adressant à un officier enveloppé d'un lambeau de manteau de cui-
rassier, et accroupi dans une première chambre, il
demande à parler au maréchal.

« Vous a-t-il fait appeler? lui répond celui-ci

sans changer de posture ; que lui voulez-vous ?

— Je viens lui rendre compte de la mission dont il m'a chargé à Malo-Jaroslawetz et lui remettre le dépôt qu'il m'a confié.

— Le prince tient un conseil en ce moment, vous ne pouvez lui parler ni même rester ici.

— C'est juste, fit Trigaud ; mais alors, mon commandant, ajouta-t-il avec une sorte de tristesse, *voudereriez-vous* lui faire connaître que les grenadiers du 2e du 48e de ligne, division Friant, premier corps, dont *auxquels* il avait *déposé* son aide-de-camp, le colonel *Gobélinsqui,* né natif de Pologne, en Pologne, ont rempli leur mission, et que la compagnie est venue pour réclamer de passer son inspection.

Au nom de Kobilinski, Davoust, qui avait entendu le colloque, s'élança d'une pièce voisine, et s'avançant vers le grenadier qu'il a peine à reconnaître dans son nouvel accoutrement, il lui demanda avec vivacité :

— Où est mon aide-de-camp?

— Ici à côté, mon maréchal.

—Et ta compagnie? se hâte d'ajouter le prince.

A ces mots, Trigaud, prenant la position du soldat sans armes, plaça les talons sur une même ligne, arrondit les bras, et, la poitrine en avant, répondit d'une voix grave :

— Présente, mon maréchal !

— Je te demande où est la compagnie de grenadiers du 48ᵉ, reprend le prince d'un ton d'impatience.

— J'ai répondu : Voilà !

Et Trigaud avait porté le revers de la main à son front.

— Mais tes camarades, te dis-je ?

— Ah! c'est différent, mon maréchal, réplique le grenadier avec un sang-froid imperturbable. C'est-à-dire que vous me dites : Dis-moi où tu as laissé tes camarades, n'est-ce pas ?

Davoust fit un signe de tête affirmatif et frappa du pied.

— Eh bien! là-bas!... au fin fond du Vop, et ici près, sous la neige. Tous !

— Comment! tous ?

— Tous, et au grand complet, répliqua le soldat d'une voix sourde et en roulant autour de lui des yeux hagards.

Le prince d'Eckmühl ne put réprimer un mouvement de terreur et de pitié ; il avait saisi la main de Trigaud qu'il serrait convulsivement, et répétait d'un ton sinistre :

— Tous ! dis-tu ?...

— Oui, tous !...excepté moi qui en suis le *résidu*.

Sans ajouter une parole, Davoust quitta le grenadier et s'élança hors de la maison, tandis que
Trigaud désignait de la main la place où il avait déposé l'aide-de-camp qui vivait encore, quoique
agonisant et raidi par le froid. Et Trigaud répétait
avec orgueil : « Il est là, le Polonais !... C'est moi
qui l'ai apporté ! »

UNE AUDIENCE A GRENOBLE.

Le premier succès que Napoléon obtint en 1815,
lors de sa rentrée en France, pendant cette expédition miraculeuse, où la traversée de deux cents
lieues de pays, en quelque sorte ennemi, se réduisit
à peu près à un voyage de plaisir, fut à quelques
lieues de Grenoble, où il gagna, par l'ascendant de
son génie non moins que par le souvenir de ses

victoires, les troupes envoyées pour le combattre * ;
ce qui lui assura l'entrée et l'occupation de cette
ville, et lui procura la petite armée qu'on y avait
réunie pour le repousser.

Napoléon apprécia à l'instant les conséquences
les plus éloignées de ce premier succès. Dès-lors il
se regarda comme maître de toute la France, et

* Le *Moniteur* (23 mars 1815) rapporte l'allocution qu'il leur
fit, mais une allocution évidemment retouchée. On y trouve, par
exemple, à la fin d'une invocation adressée aux cultivateurs
présens, cette expression étrange : *N'est-il pas vrai*, PAYSANS ?..
Sous l'ancien régime, un seigneur féodal pouvait en employer
une semblable ; mais jamais, depuis la révolution, et surtout
depuis 1792, personne ne se l'est permise, et aucun *paysan* ne
l'eût soufferte. En adressant la parole à quelqu'un d'entre eux,
on a toujours dit : *Monsieur* ou *Citoyen*. Comment Napoléon,
dans la position où il se trouvait, lorsqu'il voulait gagner des
ennemis, eût-il pu avoir l'idée d'employer une expression mé-
prisante ? Le respectable M. B..., intendant général de l'île
d'Elbe, ainsi que de l'expédition, à qui nous en parlions récem-
ment, regarde la chose comme impossible, et croit que Napoléon se servit du mot *citoyens*, mot dont le rédacteur de l'article aura été choqué Ce rédacteur d'ailleurs n'était pas sur les
lieux, car il n'aurait pu oublier le nom du village (La Frey) où
se passait cet événement mémorable, nom qu'il a laissé en blanc
dans le *Moniteur*, et qui pourtant était déjà assez connu comme
le lieu de naissance d'un de nos anciens législateurs (Dumollard.)

il agit comme un monarque qui n'aurait jamais été
dépossédé.

Le **7** mars, à neuf heures du soir, il avait pénétré dans les murs du chef-lieu de l'Isère, et au lieu
de l'ancien palais du fameux connétable de Lesdi-
guières *, destiné jadis à le recevoir pendant un
voyage dans le royaume d'Italie, il était allé occuper
une modeste auberge; dès le lendemain, 8 mars,
toutes les autorités civiles et militaires furent invi-
tées à s'y présenter.

L'appartement où il les reçut ne rappelait guère
la grande salle des Tuileries, et les pièces d'introduction ne ressemblaient guère non plus au célèbre
salon des maréchaux, où plus d'un monarque venait jadis attendre patiemment qu'il fût visible.
L'appartement de réception se réduisait à une cham-
brette d'une quinzaine de pieds en tous sens; les

* C'est depuis long temps l'hôtel de la mairie de Grenoble et
de la préfecture de l'Isère.

pièces d'introduction se composaient d'un cabinet d'une dizaine de pieds, d'un couloir latéral fort étroit et d'un petit escalier. A l'heure indiquée, dans le milieu de l'après-midi, le cabinet, le couloir et l'escalier furent bientôt remplis. Les militaires, s'énorgueillissant avec raison des services qu'ils venaient de rendre, de l'appui qu'ils avaient à fournir désormais, comptaient être les premiers admis. Leur espoir fut déçu. La Cour royale, redevenue subitement Cour impériale, passa la première. L'empereur la retint cinq quarts-d'heure, qui parurent cinq siècles à ceux dont le tour n'était pas venu, et d'autant plus que, debout et pressés comme dans les anciens parterres, ils n'étaient guère à leur aise.

Peut-être leur impatience se fût-elle un peu calmée, s'ils avaient su, comme on l'apprit ensuite, que cette longue audience avait été consacrée à des discussions sérieuses sur des sujets importans de législation et d'administration. discussions dont le

résultat eût sans doute été fort utile à la France
sans le désastre de Waterloo ; discussions enfin
où l'honorable président de l'Académie remplit
avec distinction l'un des deux rôles principaux *.

Lorsque la porte s'ouvrit, on entendit s'échapper de la poitrine de quelques guerriers un soupir
accompagné d'un mouvement qui signifiait à peu
près : Enfin, voilà notre tour !... Autre espoir déçu.
Un huissier improvisé appela le corps académique.

On le fit placer en ovale dans la modeste chambre. A la tête de l'ovale était Napoléon en uniforme
de colonel des chasseurs de son immortelle garde,
avec le grand-cordon de la Légion-d'Honneur. L'audience n'avait pour témoin que le grand-maréchal
Bertrand, accoudé sur une cheminée. A la droite
de l'empereur se trouvait la Faculté de droit, composée de professeurs, soit de droit romain, soit de

---

* M. Bérenger, député et conseiller de cassation, alors avo-
cat-général à la cour impériale de Grenoble.

procédure, et de suppléans ; ensuite la Faculté des Sciences ; enfin la Faculté des Lettres et le recteur, tous en robe de grande cérémonie.

Napoléon adressa d'abord la parole au doyen de la Faculté de Droit, en même temps professeur de Droit civil *, et parla naturellement du Code Napoléon, car, on le sait, il avait voulu donner son nom à cette première partie du recueil de nos lois.

Arrivé au professeur de procédure, voici à peu près, et sauf les qualifications de Sire, de Monsieur, de Majesté, etc., que je supprime pour abréger, voici le dialogue qui s'établit entre eux, et que l'empereur ouvrit en quelque sorte par cette question :

— Que pensez-vous du Code de procédure ?

---

* Feu M. Planel, ancien professeur de droit romain à l'Université de Valence, et excellent professeur de droit civil. Il fut mis à la retraite lorsqu'on réorganisa l'école de droit de Grenoble, en 1824.

— C'est, à mon avis, la législation la plus parfaite que nous ayons sur cette branche du Droit.
Elle est bien supérieure à la loi ancienne, c'est-à-
dire à l'ordonnance de 1667 : non-seulement elle
est distribuée avec plus de méthode, et rédigée avec
plus de clarté et de correction, mais elle a simpli-
fié, sous plusieurs rapports, la marche des procès,
en supprimant des formes inutiles, et elle a donné
des règles pour beaucoup d'institutions importantes, sur lesquelles l'ordonnance était muette, telles
que la saisie-arrêt, la saisie-brandon, la saisie des
rentes, la saisie immobilière, la distribution par
contribution, l'ordre, l'exercice de la contrainte
par corps...

— Vous trouvez donc qu'il n'y a rien d'important à changer à ce code?

— Je ne dis pas cela. Il y a au contraire deux espèces de procédures qui me paraissent fort impar-
faites.

— Lesquelles ?

—La saisie immobilière et la vente du mobilier des mineurs.

— Dites-moi, en substance, ce qu'il y a de défectueux dans la procédure de saisie immobilière?...

— La longueur des délais, la multiplicité des formes, dont plusieurs sont absolument inutiles [*] ; une sorte de prodigalité dans la peine de nullité, qu'on y prononce pour la violation même de quelques-unes de ces formes inutiles [**], tellement que l'observation de plus de la moitié des formes établies dans ce titre est prescrite sous peine de nullité [***], tandis que de toutes les autres dispositions

[*] Par exemple, la transcription de la saisie au greffe (Code de proc., art. 680), l'indication des noms des greffiers et des maires, etc., à qui on l'a notifiée (ib., art. 682), etc. Ces formalités et plusieurs autres étaient supprimées dans le projet dejà cité (page 6).

[**] Telles que celles indiquées dans la note précédente.

[***] Vingt-quatre articles sur quarante-quatre. (*V*. notre *Cours de procédure*. 6e édition, p. 627, note 5, n° 1.)

de ce Code, il n'y en a pas la quatorzième partie
dont l'observation le soit sous cette peine *. Incon-
vénient très grave, qui rend souvent et les débiteurs
et les créanciers victimes des inadvertances ou de
la négligence de leurs officiers ministériels **.

* Soixante-neuf articles sur neuf cent quatre-vingt-dix-sept.
(*V*. la même note 5.)

** Dans le projet déjà cité (art. 177) on prononçait la nullité
pour l'inobservation de près du tiers des formes prescrites (50
articles sur 184), ce qui est déjà beaucoup trop à notre avis ;
mais on atténuait les inconvéniens de ce système, en permettant aux juges, lorsqu'un acte aurait seulement été tardif, de
choisir entre son annulation et une amende contre les officiers
ministériels négligens.

Feu M. Demiau, professeur de procédure à l'École de Droit de
Paris, loin d'adopter ce tempérament, voulait que toutes les
formes fussent prescrites sous peine de nullité ; il se fondait
uniquement sur les égards que méritait la position malheureuse
d'un débiteur menacé d'expropriation. Son avis et l'avis opposé
de l'auteur du présent mémoire sont transcrits dans leurs observations sur le même projet, adressées au ministre de la justice. Le dernier avis est fondé sur les motifs déjà exposés à Napoléon. Il suffira d'y ajouter deux remarques :

1º Dans la nouvelle édition du *Journal des Avoués*, ouvrage
qui fait tant d'honneur à M. Chauveau, la saisie immobilière occupe à elle seule un volume (le 20e) de 592 pages, imprimé en
caractères très menus, et divisé en 713 articles, tous relatifs à
des difficultés différentes, et encore ne contient-il que les déci-
sions antérieures à l'année 1829 ;

2º La seule question de savoir si la signification du jugement

— C'est Treilhard !... voilà bien Treilhard !... J'avais en effet un sentiment confus que tout cela était trop minutieux, trop long, trop chargé... Je crois même avoir essayé une fois de le représenter à Treilhard ; mais Treilhard avait de la ténacité, et j'étais hors d'état de lutter contre lui dans une matière à moi étrangère, et qu'il avait au contraire approfondie... Croyez-vous qu'on pût facilement y remédier ?

— Cela exigerait du temps et des méditations, parce que cette matière est étendue et difficile, et se lie d'ailleurs à plusieurs points fort importans du Code civil.

d'adjudication préparatoire était ou non exigée, sous peine de nullité, par le Code (elle était supprimée dans le projet, art. 26), a donné lieu à trente ou quarante arrêts contraires les uns aux autres, la Cour de cassation se décidant pour la nullité, et la plupart des Cours royales repoussant cette décision. (*V.* même *Cours de procédure,* 6ᵉ édition. p. 655, note 77, n. 2 ; *Journal des Avoués,* t. 44, p. 107 ; t. 45, p. 541, etc.)

Nous le demandons : sont-ce les créanciers, sont-ce même les débiteurs qui ont profité d'un tel système ?

— Eh bien ! passons à la vente du mobilier des mineurs.

Ce résumé rapide fut accueilli de la part de Napoléon par un *non moins* rapide :

— C'est bien ! c'est bien !

Il adressa aussitôt la parole au doyen, en même temps premier professeur de la Faculté des Sciences, et successivement à chacun, soit des confrères de celui-ci , soit des professeurs de la Faculté des Lettres.

Et voilà cet homme, dont un assez long entretien sur la chicane aurait dû en quelque sorte amortir les facultés intellectuelles, parlant à l'un de chimie, à l'autre, de physique ; à un troisième, de mathématiques élémentaires ; à un quatrième, de mathématiques transcendantes * ; à celui-ci, d'édi-

* Parmi les membres présens de la Faculté des sciences, se trouvait feu Hippolyte Bilon , professeur de chimie et membre

tion de grands auteurs classiques ou étrangers *;
à ceux-là, de littérature grecque, de grammaire,
de langues anciennes, d'histoire, de littérature mo-
derne **...

Arrivé à la fin de cette sorte d'inspection, et dans
un moment où on devait le croire distrait agréa-
blement par la littérature, surtout si l'on pensait
à l'espèce de mouvement d'impatience dont avait

de la Société des Sciences et des Arts de Grenoble, qui a publié
plusieurs opuscules de biographie et de médecine, tel que l'*É-
loge historique de Bichat.*

* Par exemple, de l'impression du *Dictionnaire chinois, français et latin,* grand in-folio, faite sous l'empire (1809-1813), et
de celle de la traduction française de *Strabon,* et de la description de l'Égypte, qui, alors, n'étaient pas terminées..... Il s'en
entretint surtout avec M. Champollion-Figeac, à qui il fit remarquer, au sujet du Dictionnaire chinois, qu'en quatre années il
avait mis à fin une entreprise dont les administrations précédentes s'occupaient depuis près d'un demi-siècle.

** Au nombre des membres présens de la Faculté des lettres
se trouvaient 1° feu Jean-François Champollion jeune, si célèbre
depuis par la découverte de la clé des hiéroglyphes, et alors
professeur d'histoire ; 2° son frère aîné, M. Champollion-Figeac,
correspondant de l'Institut, aujourd'hui conservateur des ma-
nuscrits de la Bibliothèque du Roi, et alors professeur de littérature grecque.

été accompagné le *c'est bien! c'est bien !* par lequel il avait clos l'entretien sur les formes des
ventes judiciaires, il fait, à l'improviste, un demi-
tour à droite, traverse l'ovale. revient au professeur de procédure, et lui dit :

— Ce que vouz m'avez exposé sur la vente du
mobilier des mineurs m'a beaucoup frappé, et,
ajouta-t-il en portant l'index à son front, j'y pen-
serai.

Post hæc, suivant l'expression de Tacite, *post
hæc discessum*, c'est-à-dire que, se replaçant au
sommet de l'ovale, Napoléon fit au corps académique le salut de congé, après une audience de
plus de trois quarts-d'heures, qui n'avait pas semblé durer trois minutes.

Sans ses derniers revers, il aurait en effet pensé,
nous n'en doutons point, à l'objet important qui
l'avait frappé. et notre législation ne serait pas en-

core, après vingt-deux ans, dans le même état qu'à l'époque de cette mémorable audience ; mais le gouvernement, dans sa sollicitude pour l'amélioration de nos lois *, le fera bientôt cesser, nous en avons l'espérance, et cette espérance est fortifiée par la considération des soins qu'il a déjà pris pour

---

* Cette sollicitude que, l'esprit préoccupé par les événemens politiques, on est trop souvent porté à méconnaître, est prouvée par plusieurs lois fort importantes que le gouvernement a fait rendre depuis 1830, soit en matière civile, soit en matière criminelle, telle que celles du 16 avril 1832, sur le mariage des beaux-frères et belles-sœurs ; celle du 17 du même mois, sur la contrainte par corps : celle du 1er mai de la même année, contenant l'abrogation ou la modification de dix articles du Code d'instruction criminelle, de quatre-vingt-dix articles du Code pénal ; celle du 31 mars 1833, sur la publication des actes de société commerciale ; celle du 17 juillet suivant, sur l'expropriation pour cause d'utilité publique ; celle du 23 mai 1836, sur la prohibition des loteries ; celle du 1er avril 1837, sur l'autorité des arrêts de la Cour de cassation après deux pourvois ; celle du 18 juillet suivant, sur l'administration municipale, etc.

Nous pourrions même citer le projet de loi relatif à la justice de paix, parce qu'il a été adopté successivement par les deux Chambres, et que s'il n'est pas encore converti en loi, c'est que les changemens faits par la Chambre des Pairs n'ont pu être soumis assez tôt à la Chambre des Députés ; d'ailleurs tout annonce qu'à la présente session il sera définitivement adopté.

la réforme de la procédure de saisie immobilière, réforme, on l'a vu, appuyée aussi de l'approbation imposante de l'empereur.

LE MAITRE DE POSTE

DE ROUVRAY.

De tous les hommes qui poussèrent jusqu'au fa
natisme leur admiration et leur vénération pour
Napoléon, un des plus remarquables fut très-cer-
tainement le maître de poste de Rouvray, en Bour-
gogne. C'était, en quelque sorte, du délire que son
amour pour l'empereur. Cet homme eût sacrifié sa
fortune, la vie de sa femme, celle de ses enfans, la
sienne, au moindre désir de celui qu'il regardait

comme le maître du monde. Je l'ai vu rire, pleu-
rer, gémir, s'indigner, frissonner et se signer en
parlant de l'empereur.

Napoléon aimait qu'on lui fît connaître ceux auxquels sa gloire inspirait une passion si vive. Aussi
le maître de poste de Rouvray fut-il un de ceux qu'il
affectionna le plus; et M. Bizouard avait accès
aux Tuileries toutes les fois qu'il le voulait. Il ne
manquait jamais, lorsqu'il venait à Paris, d'aller
faire une visite à l'empereur, et cela sans façon et
avec moins de cérémonie que lorsqu'il était obligé
d'aller rendre ses devoirs à M. le directeur-général
des postes.

Un jour, à peine descendu de voiture, sans autre
vêtement que son costume de voyage, il osa se présenter au grand guichet du pavillon de l'Horloge,
interpellant tout le monde pour savoir si l'empereur
était au château, comme on aurait demandé :

— M. *un tel* est-il chez lui?...

Les uns lui rirent au nez et les autres l'envoyè-
rent promener; ce qui mit M. Bizouard dans un
tel état de colère, que l'officier de garde fut obligé
de le faire amener au poste.

— Ah! messieurs, dit-il, vous osez arrêter Bizouard, vous manquez au maître de poste de Rouvray : vous allez voir tout-à-l'heure. Qu'on me
donne de quoi écrire, s'écria-t-il; je veux écrire à
l'empereur! oui! à l'empereur. Cela vous étonne,
monsieur l'officier..... Eh bien! attendez; car il y
aura du nouveau dans un instant.

Et M. Bizouard écrivit ce qui suit:

« Sire,

« Je suis ici au violon, ni plus ni moins qu'un
« perturbateur, moi, le maître de poste de Rouvray,
« votre meilleur ami et le plus fidèle de vos sujets;
« ce que, du reste, vous savez bien. Je ne me soucie
« pas de croquer le marmot plus long-temps, et

« d'ailleurs, je serais bien aise de voir Votre Majesté
« tout de suite : dépêchez-vous, Sire, de me tirer
« d'ici, s'il vous plaît.

> « Le maître de poste de Rouvray,

> « BIZOUARD. »

L'empereur reçut cette singulière épître, la lut,
non sans sourire; et comme pour réparer d'une
manière éclatante l'injustice faite à M. Bizouard, il
le fit délivrer par l'un de ses aides-de-camp.

Pourrait-on s'étonner, après cela, de la douleur
et du désespoir de M. Bizouard, quand les déplora-
bles événemens de 1814 vinrent lui enlever l'objet
de son culte... son idole, son dieu? Pas plus, assu-
rément, que de la joie qu'il dut éprouver lorsque le
17 mars 1815, au retour de l'île d'Elbe, Napoléon,
franchissant à pas de géant la distance de Fréjus à
Paris, arriva, sans être attendu, à la poste de Rouvray.

Peindre l'étonnement, l'extase, les transports de M. Bizouard à la vue de l'empereur, serait pour nous chose impossible. Rien ne pourrait exprimer tant de bonheur et de ravissement; et combien sa satisfaction ne dut-elle pas redoubler, lorsque Napoléon lui dit:

— Allons, Bizouard, mon vieux et fidèle ami, des chevaux, vite; on m'attend à Paris.

Il en perdait la tête, le digne maître de poste. Néanmoins, en un clin d'œil il eut fait la toilette obligée, et bientôt, le front radieux et le visage pourpre, il put s'approcher de l'empereur, qui s'apprêtait à remonter en voiture. Une idée le préoccupait violemment; car, contrairement à ses habitudes, il était sérieux et il ne jurait pas. C'est qu'en effet une pensée des plus étranges, une idée bizarre venait de surgir dans son esprit émerveillé.

L'instant du départ était venu; les chevaux, comme s'ils eussent été fiers d'être attelés à la calèche de l'empereur, se montraient pleins d'orgueil et d'impatience.

Les deux fils de M. Bizouard sont à leur poste, attendant le dernier commandement de leur père. Celui-ci seul est en retard ; tout le monde s'en étonne, et chacun se dispose à l'interroger, quand, tout-à-coup, reprenant ses allures de tous les jours, il se met à rire et s'écrie :

— Ma foi, tant pis ; s'il se fâche, nous serons deux.

Et s'adressant à l'empereur, il lui dit :

— Qu'on est bête, sire, lorsqu'on veut avoir de l'esprit ! voilà dix minutes que je rumine afin de savoir comment je m'y prendrai pour vous présenter une requête, et, foi de Bizouard, je n'en suis pas plus avancé.

— Qu'avez-vous donc à me dire ?

— Oh! sire, je n'oserai jamais; c'est par trop singulier.

— C'est égal, je veux le savoir : parlez.

— Vous le voulez? eh bien! sire, voilà : J'ai déjà eu l'honneur de vous *conduire* cinq fois... et bon train, je m'en vante : celle-ci fera la sixième. Je ne vous ai jamais rien demandé, parce que, moi, je ne suis ni un intrigant ni un solliciteur, et que je vous aime pour vous, pas plus. Cependant, j'ai aujourd'hui une grande faveur à solliciter, une énorme grâce à vous demander : vous allez vous moquer de moi... peut-être vous fâcher; mais vous l'avez voulu. Voici : je serais le plus heureux des hommes si vous m'accordiez...

— Quoi! encore?

— Sire, la permission de vous embrasser.

— Comment! mon pauvre Bizouard, n'est-ce que cela?

— Pas davantage, sire.

— Alors, mon cher, à votre aise.

Et Napoléon lui ouvrit ses bras.

M. Bizouard ne se fit pas répéter, il usa largement de la permission. Après quoi, plus fier que s'il eut obtenu les palmes qu'on décerne au génie, plus heureux que l'avare qui vient de découvrir un trésor, il enfourcha lestement son *porteur* et donna le signal du départ. Moins d'une heure après la voiture de l'empereur s'arrêtait à la poste d'Avallon. Jamais, sans doute, les chevaux du maître de poste de Rouvray n'avaient mieux secondé le zèle et l'empressement de leur maître; jamais aussi Napoléon n'avait fait autant de chemin en si peu de temps. C'est que M. Bizouard était un rude postillon lorsqu'il *menait* l'empereur, et ce jour-là surtout, ses forces et son adresse semblaient avoir doublé. C'est que Napoléon avait la puissance de vivifier tout ce qui l'environnait.

Cependant M. Bizouard va prendre congé de l'empereur, non sans verser d'abondantes larmes, larmes de reconnaissance et d'amour. Ses vœux et ses adieux sont empreints de tristesse, de cette tristesse que ressent une mère au moment où elle se sépare de son enfant chéri; de cette tristesse que l'on éprouve lorsqu'on est sur le point de quitter l'objet d'une ardente affection. Pressentirait-il déjà le maître de poste de Rouvray, le dernier acte du drame des *cent jours?*... Ce qu'il y a de certain, c'est qu'il partit l'œil humide et le cœur oppressé. Les cris de *vive l'empereur!* qui se font entendre à ses côtés et que les échos d'alentour se plaisent à répéter, peuvent à peine ramener un sourire sur ses lèvres décolorées et serrées. C'est que peut-être L'hydre de Waterloo lui apparaissait dans son affreuse et hideuse perspective. Waterloo!!... le cauchemar de nos vieux soldats!... Nom qu'il faudrait effacer des annales militaires de l'Europe, pour l'honneur des alliés!... Nom fatal, que l'on ne prononce qu'avec répugnance, et qui devait porter un coup mortel à la famille Bizouard...

Moins de quatre mois après cette mémorable et désastreuse époque des cent jours, le maître de poste de Rouvray fut destitué, arrêté, traîné de prisons en prisons jusqu'à Riom, où, devant la cour d'assises du Puy–de-Dôme, il eut à rendre compte de son attachement à la noble, comme à la mauvaise fortune de l'empereur, et à se justifier d'une accusation emportant la peine capitale.

Tant de coups portés à la fois durent amener un affreux changement chez M. Bizouard ; sa santé, si robuste jusqu'alors, s'altéra subitement ; de riche qu'il était, il devint pauvre, et pour comble d'infortune, il eut la douleur de voir mourir sa femme, qui n'eut pas la force de supporter d'aussi cruels revers.

La révolution de 1830 trouva M. Bizouard labourant... non ses champs (à la restauration il avait tout perdu), mais les terres d'autrui.

Une grande injustice était à réparer; elle le fut :
M. Bizouard rentra en possession de son brevet de
maître de poste.

LES PRUSSIENS A DINAN.

Quand le plus grand homme des temps moder-
nes fut indignement trahi et lâchement abandonné
par ceux-là même qu'il avait gorgés d'or et comblés
d'honneurs, alors on vit l'armée des *Alliés* se pré-
cipiter sur Paris, et de là se répandre en masses
innombrables dans l'ouest, et s'avancer, mais non
sans crainte, au milieu de ce riche pays, vierge
depuis tant de siècles de l'invasion étrangère.

Cependant quelques-unes d'entre elles refusèrent de se laisser souiller par le pied d'un ennemi, et Cherbourg, vaillamment défendu par ses braves marins, resta pur de tout contact pendant l'occupation.

Des corps isolés de Prussiens, avec toutes les précautions d'une armée qui entre dans un pays ennemi, s'avancèrent dans le département d'Ille-et-Vilaine, et d'autres pénétrèrent dans le département des Côtes-du-Nord. Environ quatre mille hommes de landwehr prussienne se répandirent dans l'arrondissement de Dinan, et cette ville se vit bientôt occupée militairement par deux mille et quelques cents Prussiens qu'elle fut contrainte de loger et de nourrir. Mais si on excepte Jugon, qui ne fut visité que par quelques détachemens, ce fut à Dinan que furent, pour ainsi dire, posées les colonnes d'Hercule de l'invasion en Bretagne.

La réputation de bravoure des Bretons, leur pa-

triotisme, et surtout la haine qu'ils affectaient ouvertement contre l'ennemi national , étaient un
présage certain que les habitans de la vieille Armo-
rique supporteraient impatiemment des oppres-
seurs, et que la moindre vexation , le plus petit acte
de brutalité de leur part , attireraient sur eux une
vengeance éclatante. Aussi les Prussiens craignirent-
ils de s'aventurer plus loin , dans une province où
l'hostilité de la population pouvait leur couper toute
communication avec l'intérieur de la France , et
leur rendre toute retraite impossible.

Ils s'approchèrent donc de Dinan ; et toutefois
ils délibérèrent longuement avant d'y entrer ; on dit
même que les premiers qui osèrent y pénétrer, reçurent la décoration des braves , comme s'ils
avaient emporté la ville d'assaut.

L'annonce de leur arrivée avait jeté l'effroi et l'é-
pouvante parmi la généralité des habitans ; on s'attendait à être traité en pays conquis, et chacun avait
pris ses mesures pour mettre à couvert ce qu'il

avait de plus précieux; l'argenterie était bannie du service domestique, les caves étaient remplies de cachettes, où on avait entassé pêle-mêle tout ce que l'on avait cru devoir tenter l'avidité de l'ennemi allemand; on avait aussi caché ses armes, mais de manière à pouvoir s'en servir à l'occasion.

Cependant ils firent leur entrée en bon ordre dans les murs de Dinan, musique en tête, enseignes déployées; de rares acclamations, poussées par des voix obscures et sans écho, les accueillirent à leur arrivée; mais la partie éclairée de la population, du moins celle qui ne voyait pas des sauveurs dans ces étrangers, resta calme et enfermée dans les maisons, et ils purent dès-lors s'apercevoir, au morne silence qui régnait dans la ville, qu'on ne les supporterait qu'avec peine; aussi quand ils furent répartis dans les différens quartiers, on vit avec quelles précautions ils entraient en rapport avec les citoyens.

Leur séjour à Dinan ne laissa que peu de traces

de brutalité, et dès qu'ils se livrèrent à quelque action condamnable, la punition suivit de près la plainte, car, leurs chefs, dont la conduite fut presque toujours irréprochable, les punissaient avec sévérité.

Quoique bien jeune à cette époque, je me rappelle que M.*** reçut l'ordre de loger et de nourrir un officier, son domestique et deux soldats.

L'autorité d'alors, toute bienveillante pour nos *bons amis* les ennemis, avait recommandé d'avoir pour eux tous les soins et tous les égards dus à *des libérateurs*, et de leur obéir sans observation. Mais ses injonctions ne furent pas toujours suivies, car il y avait encore à Dinan un certain nombre d'habitans dans la poitrine desquels battait un cœur français, et qui n'étaient pas disposés à supporter honteusement la tyrannie des étrangers ; ils avaient accueilli avec une indignation concentrée les ordres serviles de l'autorité.

L'officier qui se présenta chez M.*** était un tout jeune homme, raide de corps et serré dans des habits que la fumée du canon n'avait jamais noircis.

Il refusa tout d'abord d'accepter le couvert qu'on lui avait dressé à la table commune, et, d'un ton sec et hautain, il fit entendre qu'il voulait être servi dans sa chambre, où il se fit conduire en jurant et en maugréant.

Ce procédé offensa vivement M.***, qui s'était tenu, à son égard, dans les termes d'une politesse, peut-être un peu froide, mais irréprochable ; aussi quand il entendit résonner sur le pavé de la rue, les éclats de la vaisselle qu'on avait portée à l'officier et que celui-ci venait de jeter par la fenêtre, il ne put se contenir plus long-temps et monta dans la chambre de ce brutal, avec lequel il engagea une vive altercation.

L'anxiété de la famille de M.*** fut extrême ; à

peine entendait-on la voix mesurée de ce dernier,
que dominait celle de son furieux antagoniste, et
l'on craignait à tout moment que, dans son exaspé-
ration, celui-ci ne fît usage du sabre qu'il portait;
mais on le vit bientôt descendre, suivi de M.***, qui
lui reprochait tout haut sa rudesse germanique;
pour lui, il continuait à gesticuler, et sortit en pro-
férant de grossières menaces. M.***, de son côté,
s'empressa d'aller faire son rapport à la mairie, où
l'on n'osa pas trop le blâmer, et il n'entendit plus
parler de ce Prussien mal élevé. Seulement, long-
temps après, il apprit qu'on lui avait imposé un
autre logement, dans une maison où il se conduisit
toujours avec une extrême politesse. La leçon lui
avait profité...

Ce fut sans doute à l'énergie pleine de calme et
de mesure qu'on leur montra, dans diverses circonstances, qu'on dut de n'avoir pas trop à se
plaindre d'eux pendant qu'ils restèrent à Dinan;
et vraiment quand on pense à tout ce que les peu-

ples d'Allemagne ont eu à souffrir de nos soldats dans les nombreuses invasions que nous avons faites chez eux : quant on se rappelle comment certains officiers de Napoléon menaient les populations, et quels sacrifices énormes ils leur imposaient, on se demande comment il se fait qu'ils n'aient pas usé de représailles, et comment ils ne se sont pas laissés aller à nous faire supporter la peine du talion... Mais il faut bien le reconnaître, nos marches chez eux avaient toujours été triomphales, et chez nous, au contraire, ils ne s'avançaient qu'en tremblant, tout étonnés qu'il étaient de fouler une terre qui avait produit ces soldats tant de fois leurs vainqueurs.

La plus petite alerte leur faisait prendre les armes ; ils craignaient à chaque instant de se voir surpris, attaqués et mis en pièces par les habitans dont ils se défiaient toujours.

Un soir qu'il y avait fête chez un des personnages

les plus marquans de la ville, le feu se communiqua
tout-à-coup à une des cheminées de l'hôtel ; aussitôt on s'empressa de faire avancer les pompes, et
l'on fit sonner le tocsin. Grande fut alors l'alarme
des Prussiens... Ils crurent que leur dernière heure
était sonnée. L'empressement des habitans à courir
sur le lieu du sinistre fut pour eux un présage de
mort. Ils firent battre la générale et la ville fut bientôt sillonnée d'aides-de-camp qui portaient à franc-
étrier les ordres des chefs. Des patrouilles nombreuses parcoururent tous les quartiers ; les soldats,
complètement armés, coururent à leurs postes et se
mirent en ordre de bataille, afin de repousser avec
énergie l'attaque qu'ils supposaient devoir être
faite contre eux, bien résolus à ne pas se laisser égor-
ger sans défense.

Cependant cette attitude hostile avait jeté l'effroi
et la consternation dans cette partie de la population qui en ignorait la cause ; et le bruit si monotone
de la générale, les cris lugubres des cornets qui

l'accompagnaient, l'air sinistre qui rembrunissait tous les visages, ce silence de mort que personne n'osait rompre, tout contribuait à donner à la ville une physionomie d'épouvante, comme si une grande scène de désolation devait bientôt s'appesantir sur elle; aussi chacun des deux partis s'attendait-il à voir, d'un moment à l'autre, son adversaire prendre l'initiative de l'attaque.

Ce ne fut que long-temps après que ceux des officiers prussiens qui avaient été invités à la fête, et qui étaient restés sur le lieu de l'incendie, parvinrent avec beaucoup de peine à expliquer le malentendu et à rassurer les leurs contre la prétendue attaque à laquelle les habitans effrayés étaient loin de songer; tout s'arrangea enfin, chacun regagna sa demeure, et la ville reprit son calme et sa tranquillité ordinaires.

Pourtant cette fausse alerte avait jeté de l'inquiétude et de la terreur dans les esprits; l'intimité forcée qui avait commencé à s'établir entre les habitans et les soldats se refroidit tout-à-coup , et quand les Prussiens reçurent l'ordre de quitter notre ville, ils ne dissimulèrent pas la joie qu'ils en éprouvaient ; et, de leur côté, les habitans leur laissèrent assez voir combien ils se réjouissaient de leur départ.

DALOUZI.

L'opinion a coutume d'établir une distinction
entre la valeur des personnages placés haut dans
la hiérarchie militaire, et ce qu'on appelle, avec
l'idée d'une vertu moins élevée, le courage du soldat. Aux premiers la gloire que le monde décerne à
la puissance dirigeante; aux derniers l'honneur,
plus restreint, attaché au mépris du danger et de la
mort. L'histoire est remplie, cependant, de faits

où l'on voit les grandes actions, comprises comme
élans de génie et de résolution, surgir des derniers
rangs de l'armée. Nous chercherions peu dans les
fastes de nos dernières guerres, pour multiplier les
exemples de la bravoure en épaulettes de laine, gran-
dissant avec la circonstance, et se plaçant d'un
bond au niveau des intelligences supérieures.

Mais parmi ces traits de spontanéité éclatante,
il n'en est point, au moins dans les temps moder-
nes, qui puissent être comparés à la conduite du
sergent Dálouzi : conduite d'autant plus remar-
quable, qu'inspirée par une insurrection militaire,
elle la dirigea de manière à en prévenir les excès,
fit naître l'ordre du désordre même, et produisit
un résultat favorable, formé d'élémens répréhen-
sibles.

En 1815, après le désastre de Waterloo, le général Rapp, qui venait de commander en chef l'armée du Rhin, fut contraint de se renfermer dans
Strasbourg avec deux divisions d'infanterie, quel-

que cavalerie et de l'artillerie ; le tout affaibli par
les combats multipliés soutenus, pendant la campagne, contre des forces sextuples. Une convention
militaire venait d'être signée ; mais Rapp, malgré
les sollicitations des alliés, reproduites sous toutes
les formes de la persuasion, de la ruse et de la
menace, ne voulut point introduire les troupes de
la coalition dans Strasbourg. Cette résistance con-
serva à la France son plus respectable boulevard
sur le Rhin. C'en était fait de l'Alsace, si sa capitale eût été occupée en ce moment par l'ennemi.

Désespérant de vaincre la résolution du comte
Rapp, les alliés cherchèrent alors à se ménager des
intelligences dans la place pour y semer des ger-
mes de trouble et de révolte, et la garnison fut particulièrement travaillée par des agitateurs à la solde
de l'étranger. On suscita aux troupes des soupçons
sur les habitans, sur les chefs militaires, sur leurs
propres camarades. Le soldat finit par se croire en-
vironné de gens suspects : il se défia de tout le
monde.

Par malheur, diverses circonstances fatales vinrent ajouter aux défiances de l'armée, et donner
une sorte de vraisemblance aux rapports malveillans qu'on lui avait faits. D'abord le général Rapp
reçut l'ordre de licencier ses colonnes et de ren-
voyer chaque homme, *isolément, sans argent et
sans armes*. Ensuite, injonction fut faite à ce général de livrer à des commissaires russes dix mille
fusils, tirés de l'arsenal de Strasbourg. Pour accom-
plir, sur ce dernier point, la volonté du gouvernement, Rapp dut échanger plusieurs courriers avec
les alliés; de plus, il eut la mauvaise idée de faire
effectuer avec mystère le transport des armes dans
le camp ennemi...

Les malveillans profitèrent de cette circonstance
pour ajouter à l'agitation des troupes. Le général
en chef était vendu, disaient-ils; il avait reçu plusieurs millions des Autrichiens pour les introduire
dans la place; et s'il renvoyait les soldats indivi-
duellement et désarmés, c'était d'après une con-

vention faite pour les livrer à l'ennemi... L'exas-
pération de la garnison fut portée au dernier degré
par ces instigations, que les apparences semblaient
justifier.

Le général en chef, qui concevait parfaitement la
position dangereuse où le gouvernement l'avait
placé en lui ordonnant de licencier l'armée sans
la payer, fit des efforts inouis pour lui faire compter
au moins une partie de sa solde. Mais il ne put
réunir que 560,000 francs : cet à-compte eût été
dérisoire ; il ne fut pas offert.

Cependant soixante officiers subalternes, de divers régimens, se réunirent, le 2 septembre au matin, dans un bastion, pour délibérer sur l'ordre
du licenciement. Après une heure de vifs débats,
la déclaration suivante fut rédigée et adoptée :

« Au nom de l'armée du Rhin, les officiers, sous
» officiers et soldats n'obéiront aux ordres donnés

« pour le licenciement qu'aux conditions suivantes :

« Art. 1er. Les officiers, sous-officiers et soldats
« ne quitteront l'armée qu'après avoir été payés
« de tout ce qui leur est dû.

« Art. 2. Ils partiront tous le même jour, em-
« portant armes, bagages, et cinquante cartouches
« chacun, etc. »

Cette pièce étant rédigée, les soixante officiers
se rendirent chez le général Rapp pour lui en
donner communication. Ce chef, homme irascible
autant que brave, entra en fureur dès qu'il eut
pris connaissance de la déclaration ; des éclairs
partirent de son regard ; de tonnantes protestations contre cet acte de rébellion se pressèrent sur
ses lèvres. « Quoi, s'écriait-il, vous voulez m'im-
poser des conditions ! Vous refusez d'obéir !... Des
conditions, à moi !... » Les officiers, intimidés et
songeant peut-être à la dépendance d'un état
qu'ils voulaient conserver, se retirèrent ; ils rejoi-

gnirent les sous-officiers, assemblés sur la place au
nombre de cinq cents, et leur rendirent compte
de l'échec qu'ils venaient de subir.

Ce fut alors que les sous-officiers, d'accord avec
les troupes de la garnison, procédèrent à l'élection
des nouveaux chefs qu'ils avaient résolu de se donner. Un sergent du 7e régiment d'infanterie légère,
nommé Dalouzi, et connu par sa capacité, la droi-
ture de son jugement, surtout par son audace,
réunit le premier les suffrages... Dalouzi, sortant
alors des rangs, prit une attitude imposante, et
prononça cette brève harangue :

« Mes camarades, j'accepte l'honneur que vous
« me faites, parce que je me sens capable de m'en
« rendre digne. Si vous promettez de m'obéir, de
« vous abstenir de tout désordre, de faire respecter
« les propriétés, de protéger les personnes, je jure,
« sur ma tête, que vous serez payés avant vingt-
« quatre heures. »

Ce discours du Masaniello militaire fut accueilli par des transports unanimes de joie, et sur-le-champ on proclama Dalouzi général en chef de la garnison. Le tambour-major du 58e régiment fut choisi par lui pour chef d'état-major; un sergent d'infanterie eut le commandement de la place; d'autres sous-officiers prirent celui des deux divisions d'infanterie, de la cavalerie et de l'artillerie. Les régimens eurent des colonels, les bataillons et les escadrons des chefs, les compagnies des capitaines.

Bientôt la générale est battue; tous les corps sont dirigés avec ordre vers la place. A mesure qu'ils y arrivaient, Dalouzi faisait reconnaître les nouveaux chefs; puis, avec un aplomb, un sang-froid, une précision de commandement qui eussent fait honneur à un maréchal de France, il assignait à la troupe les points qu'elle devait occuper.

Le comte Rapp, étonné de voir éclater l'insur-

rection avec une telle rapidité, accourut pour es-
sayer de faire rentrer dans le devoir la troupe ré-
voltée ; mais il ne put faire entendre sa voix au milieu des cris que sa présence excita. Dalouzi, qui
craignait de ne pouvoir contenir ses soldats, envoya
son chef d'état-major au général en chef pour le
prier de se retirer, le faisant prévenir qu'il répondait de tout, si l'on ne voulait pas faire en pure perte
de l'autorité. Le général sentit qu'il n'avait rien de
mieux à faire que d'obéir ; il rentra au palais, où il
fut dès ce moment gardé à vue.

Cependant le sergent-général ordonna qu'on s'em-
parât du télégraphe et de la monnaie ; les ponts furent levés, et l'on ne communiqua plus avec le
dehors sans une permission signée du nouveau
gouverneur.

Lors de la convention militaire, le général autrichien Wolkman s'était établi dans la place. Dalouzi
s'empressa de lui envoyer dire qu'on n'avait aucun

mauvais dessein : un détachement fut mis à sa disposition à titre de sauve-garde. Dans le même instant, l'un des généraux improvisés se rendit, avec
un trompette, au quartier-général des alliés, et leur
déclara que, s'ils respectaient la trêve, la garnison
ne se porterait à aucune hostilité; mais que s'ils es-
sayaient de profiter du trouble survenu dans la
place, on repousserait la force par la force, de manière à ne pas laisser remarquer que les épaulettes
à torsades étaient remplacées, à la tête des corps,
par des galons de sergent.

En effet, les postes de la citadelle et ceux de l'in—
térieur furent doublés; on plaça même des gardes
à quelques vieilles poternes négligées jusqu'alors;
l'on renforça la ligne extérieure; les troupes bi-
vouaquèrent sur la place et dans les rues; enfin on
n'omit aucune mesure de prudence et de sûreté.

Dès le premier moment de son commandement,
Dalouzi avait pénétré les sourdes menées des agi-

tateurs. Il songea à prévenir les excès dont la mal-
veillance pourrait profiter pour exciter les soldats.
En conséquence, il fit défense, sous peine de mort,
d'entrer dans aucun des lieux où l'on vendait de
l'eau-de-vie, du vin et de la bière. La même peine
fut portée contre les fauteurs du pillage, du désordre et de l'insubordination.

Dalouzi ne montrait pas moins d'activité dans la
partie administrative de sa gestion. Il avait créé
deux commissions, l'une des vivres, composée de
fourriers; l'autre des finances, formée de sergens-
majors, et qui lui rendaient compte, d'heure en
heure, des mesures qu'elles prenaient.

L'inspecteur aux revues et le receveur-général
furent mandés; le premier, sur le rapport de la
commission des finances, dressa un état des sommes nécessaires pour mettre la solde au courant;
le second présenta le montant de son avoir en
caisse. Dalouzi convoqua ensuite le conseil muni-

cipal, auquel il exposa les motifs qui avaient dé-
terminé la garnison à prendre les armes; puis il
prescrivit au maire, avec toutes les formes de politesse dont on peut environner une injonction,
d'aviser aux moyens de faire les fonds nécessaires
pour acquitter l'arriéré.

Le conseil, convaincu qu'il n'y avait pas deux
partis à prendre dans une situation aussi impé-
rieuse, fit les plus promptes dispositions pour réaliser la somme nécessaire à l'acquittement de ce
terrible arriéré. Alors le général Rapp, qui jusqu'a-
lors n'avait pas voulu associer la moindre de ses
démarches aux actes de la rébellion, envoya son
chef d'état-major auprès des autorités pour ré-
gler avec elles la répartition de l'emprunt fait aux
Strasbourgeois. Cet officier fut conduit à l'Hôtel-
de-Ville par un caporal et six hommes qui ne le
quittèrent pas.

Vers le soir, les alarmes des bourgeois commen-

cèrent à se calmer; la retraite fut battue long-
temps avant la nuit; les patrouilles se multipliè-
rent, et diverses proclamations recommandèrent
l'ordre et la tranquillité.

« Tout va bien , disait Dalouzi dans une de ses
proclamations ; les bourgeois financent et les paiemens sont commencés.

« *Signé* GARNISON. »

Les habitans eurent ordre d'illuminer, afin qu'il
fût plus facile de se livrer à une surveillance active
et sévère.

Cependant Dalouzi apprit dans la soirée que les
lignes autrichiennes resserraient leurs cantonnemens et avaient reçu des renforts considérables.
Cette coïncidence des mesures prises par les troupes
de la coalition avec les événemens de Strasbourg
donna beaucoup à penser ; mais elle n'altéra point
la calme résolution du sergent-général... Il ordonna
sur-le-champ de renforcer la division du dehors ,

doubla ses grand-gardes , et fit arriver sur la place un renfort d'infanterie et d'artillerie... L'ennemi ne bougea pas.

Le lendemain , 3 septembre, Dalouzi redoubla de vigilance pour maintenir la tranquillité. Il sor—tait fréquemment, suivi de son état-major et de ses généraux , tous en costume de sergent et à cheval. Dès que le général Garnison paraissait , les tam-bours battaient aux champs , les postes prenaient les armes et lui rendaient les honneurs dûs à un commandant en chef. Ainsi la ville présentait l'i-mage de l'ordre le plus parfait, de la discipline la plus sévère, au milieu d'une armée en révolte.

Dans la matinée , l'emprunt ayant été réalisé, les véritables officiers-payeurs furent conduits, sous bonne escorte, chez le receveur-général, où ils tou-chèrent les sommes nécessaires pour mettre au courant la solde de leurs corps. Mais il leur fut en-joint de n'effectuer les paiemens individuels que lorsque tous les régimens auraient reçu ce qui leur revenait. Vers onze heures du matin, la répartition des fonds était achevée. Aussitôt la générale se fit entendre ; l'armée se rassembla, retira ses postes, leva le siège du palais, et se rangea en bataille sur la place d'armes. Dalouzi, accompagné de tout son état-major, passa en revue les troupes ; puis, s'étant placé devant le front des colonnes, il prononça la proclamation suivante :

« Soldats de l'armée du Rhin,

« La démarche hardie qui vient d'être faite par
« vos sous-officiers, pour vous faire rendre justice,
« et pour le parfait paiement de votre solde, les a
« compromis envers les autorités civiles et militai-
« res. C'est dans votre bonne conduite, votre rési-
« gnation et votre excellente discipline, qu'ils espè-
« rent trouver leur salut : l'attitude que vous avez
« tenue jusqu'à ce jour en est le sûr garant ; ils en
« espèrent la continuation. Soldats, les officiers
« payeurs ont entre les mains tout ce qui vous est
« dû ; la garnison rentrera à sa première place : les

« postes resteront jusqu'à ce que le général en chef
« en ait autrement ordonné. Sitôt la rentrée, les
« sergens-majors et maréchaux-des-logis-chefs se
« rendront chez les officiers payeurs, et prendront,
« avant de solder la troupe, les ordres de MM. les
« colonels, afin d'exercer la retenue de qui de
« droit. L'infanterie doit être licenciée ; elle pren-
« dra des ordres supérieurs ; et la cavalerie, n'ayant
« encore aucune destination, attendra son sort,
« afin de rendre au moins, avant de partir, chevaux,
« armes, et tout ce qui appartient au gouverne-
« ment. Soldats, vous voudrez qu'on puisse dire :
« Ils ont servi avec honneur ; ils se sont fait payer
« de ce qui leur était dû, et se sont soumis aux or-
« dres du roi, avec ce beau titre d'armée du Rhin. »

Le général Garnison, après avoir prononcé ce
discours, fit défiler devant lui toute l'armée, infanterie, cavalerie, artillerie ; puis il alla en grande
pompe arborer, à la préfecture et à la mairie, des
drapeaux blancs faits par son ordre. Il ordonna

ensuite aux troupes de se rendre aux casernes, de
rentrer sous l'autorité de leurs chefs respectifs, et
leur donna lui-même l'exemple.

L'histoire n'offre certainement point d'exemple
d'une sédition dirigée avec autant de sagesse, de
prudence, de talent et de loyauté. Il n'a pu échapper à nos lecteurs que non seulement Dalouzi ne
voulut pas que les sommes dues à la troupe passas-
sent par des hommes du mouvement insurrection-
nel, mais que ses scrupules furent portés jusqu'au
point d'ordonner que la solde ne fût acquittée que
sur l'ordre des colonels.

Dalouzi ne mérita donc, dans cette circonstance,
que l'estime des plus sévères appréciateurs de la
subordination : s'il accepta le commandement de
l'armée, ce fut pour y comprimer la révolte, qu'en
s'abandonnant moins à son humeur irascible, le
général Rapp eût prévenue ; et peut-être n'y eut-il
en tout ceci de vraiment répréhensible que le gou-

vernement qui avait prescrit l'exécution d'une mesure inique.

Plus tard, le ministre de la guerre en jugea sans doute ainsi, car il donna l'épaulette au sergent Dalouzi.

ARMISTICE DE DRESDE.

Les anciennes phalanges impériales, vieillies dans
les combats et si souvent victorieuses des Autrichiens, des Prussiens et des Russes, n'existaient
plus; l'Espagne en avait moissonné une partie, la
funeste expédition de Russie avait anéanti le reste,
la cavalerie était réduite à rien; il avait fallu créer
une armée nouvelle. Les troupes françaises, cam-
pées le 30 avril 1813 en avant de Naumbourg, pré-

sentaient un aspect peu rassurant. Ce n'était plus
la Grande-Armée de 1805, de 1807, de 1809 et
surtout celle du commencement de 1812 ; il manquait l'admirable ensemble qui, si long-temps, avait
fait de tous les corps divers un seul corps ; les officiers, les généraux se montraient soucieux, les hommes qu'ils étaient appelés à commander n'étaient
plus les vieux soldats qu'ils connaissaient et dont ils
étaient connus : c'étaient des jeunes gens, braves
sans doute, mais auxquels il manquait, avec le
baptême du feu, la confiance dans leurs chefs.

Quittant son armée, le 5 décembre 1812, à
Smorgony, six jours après le passage de la Bérésina,
Napoléon était arrivé le 19, à dix heures du soir, aux
Tuileries. Plus encore que le retour d'Égypte, au 9
octobre 1799, le départ de Smorgony a servi contre
Napoléon de texte à des interprétations calomnieu-
ses qu'on pardonne à peine à des étrangers, mais
qu'on s'indigne de rencontrer sous des plumes
françaises. L'utilité de ce départ était si évidente

cependant, qu'un écrivain russe même, M. de But-
turlin, l'a loyalement proclamé une nécessité. Dans
ces jours d'horribles angoisses, Napoléon, pour
quitter son armée, a dû se rappeler, qu'empereur,
les destinées de la France entière reposaient sur sa
tête, et que son premier devoir était moins d'assis-
ter à l'agonie des débris de son armée que de veiller
à la sûreté du grand empire qu'il gouvernait. Il ne
pouvait mieux satisfaire à ce devoir qu'en se ren-
dant à Paris, afin de hâter, par sa présence, l'organisation des nouvelles armées devenues nécessaires pour remplacer celle qu'il venait de perdre.

Quatre mois s'écoulent et une armée improvisée
est venue se réunir aux faibles débris rassemblés
par le prince Eugène à Magdebourg. C'est cette armée que nous voyons campée en avant de Naumbourg, la veille de la bataille de Lutzen. La France,
déjà épuisée, s'est levée à la voix de son chef ; elle a
fait des efforts et des sacrifices incalculables : elle

avait perdu ses hommes, elle donne ses derniers
enfans. Les départemens, les villes, les communes,
les autorités, les fonctionnaires offrent spontané-
ment des cavaliers montés, armés et équipés, et
l'empereur, après avoir imprimé à tous les services
l'élan de sa prodigieuse activité, reparaît à la tête
de ses troupes le **25** avril pour reprendre l'offensive.
Pendant son absence, un nouvel ennemi a surgi :
c'est la Prusse, la Prusse impatiente de venger ses
humiliations et de rompre une alliance imposée par
la force.

En passant la revue de ses nouveaux régimens,
l'empereur paraissait éprouver un sentiment pénible ; vainement il cherchait dans les rangs les vieilles figures de l'armée d'Égypte, de l'armée d'Italie,
les vieux compagnons de sa gloire : tout avait dis-
paru. Sa présence excitait encore des transports
d'enthousiasme, mais sur ces jeunes visages, bril-
lans de courage et d'ardeur, il ne voyait plus l'assurance calme, l'impassible et froide intrépidité

qui tant de fois lui avaient garanti la victoire. C'é-
tait, en effet, une armée toute jeune qu'encadraient
à peine le peu d'hommes échappés au grand désastre, les divisions bronzées par le soleil d'Espagne et
les trente mille marins venus de Toulon.

Combien, cependant, cette jeunesse enlevée à la
hâte, instruite en marchant, était admirable !
Comme le nom de conscrits leur pesait à tous ces
enfans de la France qui, pendant les longues nuits
de bivouacs, écoutaient dans le silence de l'admiration le récit des grandes actions de ceux qui les
avaient précédés pour mourir ! Quelle impatience
dans leurs yeux quand l'empereur les regardait !
Quels transports, quels cris, quand il leur disait ces
simples paroles :

— Conscrits, je compte sur vous !

Et il avait raison de compter sur eux ; dès le **27**,
ils avaient mérité que Ney, qui se connaissait en
courage, écrivit : *Ces jeunes gens se sont battus*

avec une intrépidité qui permet de tout attendre d'eux. Vainqueurs à Lutzen, vainqueurs le 9 mai sur l'Elbe, vainqueurs à Kenigswarthe, à Hoekirck, à Bautzen, à Wurtchen, de conscrits ils étaient passés en un mois vieux soldats, lorsque Napoléon signa, le 30 mai, la convention qui réglait un armistice de six semaines.

On ne sait pas au juste par qui les premières avances furent faites à cette occasion. Le 29 on avait vu le duc de Vicence se diriger, accompagné seulement d'un aide-de-camp, vers Janer, où l'on prétendit qu'il allait entamer des négociations. On assurait, d'un autre côté, qu'un parlementaire venant demander une suspension d'armes, s'était présenté le matin du même jour aux avant-postes du général Régnier, qui l'avait fait conduire aussitôt au grand quartier-général. Ce qu'il y a de certain, c'est qu'un armistice était aussi nécessaire aux Français qu'aux armées coalisées.

Tout en désirant qu'il pût conduire à une paix

honorable, Napoléon devait en profiter pour faire rejoindre les renforts considérables qui lui venaient de France, et l'ennemi qui ne se croyait pas encore assez nombreux pour vaincre, voulait attendre l'arrivée de troupes nouvellement organisées et déterminer l'empereur d'Autriche à accéder à la ligue contre la France.

Napoléon seul voulait sincèrement la paix ; les débuts de la campagne, glorieux pour ses armes, lui avaient coûté trop cher. A Lutzen il avait perdu le maréchal Bessière, et le succès insignifiant du petit combat de Markersdorf avait été payé de la vie d'un homme qu'il aimait ; le grand-maréchal du palais, atteint d'un boulet perdu, était mort après quatorze heures d'horribles souffrances. Et puis il n'avait plus la même confiance dans sa fortune, avec des forces inférieures il avait, comme par le passé, battu l'ennemi ; mais malgré la valeur de ses troupes, il avait éprouvé une résistance inaccoutumée, plusieurs fois il lui avait fallu payer de sa personne,

plusieurs fois sa vie avait été sérieusement menacée, et partout la victoire avait coûté des flots de
sang.

Après avoir consacré quelques jours à visiter les
cantonnemens de ses troupes, l'empereur revint à
Dresde le 10 juin et s'y établit au palais du roi de
Saxe, qui vint le rejoindre peu de temps après.
L'empereur d'Autriche quitta Vienne et se rendit
en Bohême. L'empereur de Russie et le roi de
Prusse s'établirent à Schweidhitz, se tenant tous à
portée de communiquer avec Prague, lieu désigné
pour la réunion d'un congrès de plénipotentiaires
dans lequel on devait, disait-on, discuter les bases
d'une paix durable. Mais toutes les espérances dont
on s'était bercé s'évanouirent bientôt. L'Autriche
s'était donnée pour médiatrice et elle mettait son
intervention à un prix qui ne permettait de conserver aucun doute sur ses projets ultérieurs; M. de
Metternich demandait, au nom de l'empereur
François, les provinces illyriennes, une frontière

sur le royaume d'Italie, le grand-duché de Varsovie,
la renonciation de Napoléon au protectorat de la
Confédération du Rhin, et la médiation de la Confédération Suisse, la possession de la trente-deu-
xième division militaire et des départemens de la
Hollande. Cette offre de médiation n'était donc
qu'un vain simulacre ; la cour de Vienne avait déjà
pris des engagemens avec la Prusse et la Russie, et
se serait déclarée dès avant l'armistice, si les succès
inattendus de l'armée française ne l'avaient obligée à
mettre plus de réserve dans sa conduite. Napoléon
n'ayant pas, cependant, perdu tout espoir de rete-
nir son beau-père dans son alliance, envoya au congrès de Prague MM. le duc de Vicence et le comte
de Narbonne, et garda près de lui le comte Bubna,
ambassadeur d'Autriche.

A Dresde, l'empereur voulut que le service de
son palais fût organisé comme en pleine paix ; et,
malgré les innombrables occupations que lui donnaient et les négociations entamées et l'organisation

de son armée, il voulut avoir, comme aux Tuileries, son lever, auquel étaient admis les nombreux étrangers de marque, qui affluaient dans la capitale de la Saxe, ses réceptions du soir, et tous les jours une grande parade à midi.

Napoléon était l'hôte de son fidèle allié le roi de Saxe, auquel cependant il voulut donner des fêtes somptueuses. Pour en augmenter l'éclat et fournir à son état-major une agréable distraction, il expédia à Paris, au grand-chambellan, M. le comte de Rémusat, l'ordre d'envoyer à Dresde une troupe complète de comédiens prise parmi les premiers acteurs du Théâtre-Français, dont la société avait été régularisée l'année précédente par un décret daté de Moskow, décret qui la régit encore aujourd'hui.

C'était la seconde fois que l'empereur faisait ainsi voyager la Comédie-Française.

En 1808, lors de l'entrevue d'Erfurt, les premiers sujets de la tragédie et de la comédie avaient été appelés pour les fêtes que Napoléon voulait offrir à son nouvel allié l'empereur Alexandre. L'entrevue de Tilsitt avait eu lieu les 25 juin et 7 juillet 1807 ; en se séparant, les deux empereurs s'étaient promis de ne pas laisser écouler une année sans se revoir. La situation de l'Espagne, qui se levait en masse contre le roi Joseph et proclamait Ferdinand VII, le débarquement d'une armée anglaise dans la Péninsule, les formidables armemens de l'Autriche, imposaient à Napoléon la nécessité de raffermir, de renouveler son alliance avec le czar. L'entrevue d'Erfurt fut convenue ; Napoléon s'y trouva le premier, le 27 septembre, et alla au-devant de l'empereur Alexandre, arrivé à Weimar depuis deux jours.

Napoléon était à Erfurt comme chez lui ; à la tête des princes de la Confédération Germanique, auxquels il avait imposé sa protection, sur la frontière du royaume de Prusse, qu'il avait réduit à la condition d'un grand fief, il n'était pas moins l'empereur des Allemands que celui des Français. En effet, par l'acte du 12 juillet 1806, en créant la Confédération du Rhin dont il s'était déclaré protecteur, il avait dissous l'empire d'Occident, rétabli par Charlemagne, ou plutôt il l'avait rattaché au trône de France dont il était séparé depuis neuf cents ans. Dans la foule de vassaux couronnés qui entouraient le nouveau Charlemagne, deux souverains n'avaient pas été appelés, le roi de Prusse et l'empereur d'Autriche.

Une pompe extraordinaire solennisa la réunion des deux princes qui semblaient vouloir se partager l'empire du continent. L'élite de la Comédie-Française, c'est-à-dire Talma, Lafon, St-Prix, Damas, Fleury, mademoiselle Raucourt, mademoiselle Duchesnois, mademoiselle Contat et mademoiselle Bourgoin obtinrent devant ce parterre de rois le plus brillant succès. C'est à l'une des réprésentations, à une représentation d'*Œdipe*, que l'empereur de Russie, au moment où Philoctète, en parlant d'Hercule, prononce ce vers :

L'amitié d'un grand homme est un bienfait des Dieux.

se pencha vers Napoléon et lui serrant la main, dit :
Je l'éprouve tous les jours.

La grande réputation de mademoiselle Bourgoin, plutôt comme jolie femme que comme bonne actrice, date de l'entrevue d'Erfurt ; objet des attentions empressées de l'empereur de Russie, du grand-duc Constantin, et des autres princes, elle commença dans cette circonstance la fortune qu'elle a continuée depuis.

En général les grandes fortunes des acteurs de la Comédie-Française se rapportent aux deux voyages d'Erfurt et de Dresde. L'empereur dédommageait généreusement ses comédiens ordinaires de leur déplacement, leur donnait des gratifications considé-

rables et voyait avec plaisir que les princes admis à
ses fêtes leur fissent des présens.

A Erfurt, Napoléon et Alexandre s'étaient sépa-
rés parfaitement d'accord sur leurs projets à venir ;
ils avaient écrit tous deux au roi d'Angleterre pour
l'inviter à admettre une négociation de paix, et dans
la prévision d'un refus, ils avaient résolu de déta-
cher entièrement l'Amérique de l'influence anglaise ;
on assure même qu'ils étaient convenus d'aller ensemble par la Turquie et la Perse ravir à l'Angleterre le sceptre de l'Inde. La séparation eut quelque
chose de chevaleresque : les épées avaient été échan-
gées. En recevant celle de Napoléon, Alexandre
avait dit :

— Je l'accepte comme une marque de votre
amitié ; votre majesté est certaine que je ne la tire-
rai jamais contre elle.

Qui pouvait prévoir alors la campagne de Russie? En 1813, le grand homme dont l'amitié était un présent des dieux, n'est plus, aux termes du manifeste de l'empereur Alexandre, qu'un féroce brigand dont les intrigues et les forfaits ne tendaient qu'à l'asservissement du continent, et qui étonne par son effroi les nations accoutumées à n'être étonnées que de son orgueil et de sa barbarie. C'est encore un monstre, un colosse sanglant qui menaçait le continent de sa criminelle éternité et dont il ne doit rester qu'un long souvenir d'horreur et de pitié.

L'empereur n'avait demandé pour le voyage de Dresde qu'une troupe de comédie. Le grand chambellan avait en conséquence fait partir Saint-Fal, Fleury, Michot, Armand, les deux Baptiste, Michelot, mesdemoiselles Volnay, Devienne, Mars et Bourgoin. Mais pendant la durée de l'armistice, mademoiselle Georges, qui renvoyée de Russie, avait été donner des représentations eu Suède, informée du séjour de l'empereur en Saxe, était ac-

courue au grand quartier-général, et avait supplié
Napoléon de permettre qu'elle parùt sur le théâtre
en sa présence. Un nouveau courrier fut envoyé à
Paris; il portait à Talma l'ordre de se rendre en
toute hâte à Dresde.

Mademoiselle Georges, après avoir quitté brusquement le Théâtre Français, par suite de sa rivalité avec mademoiselle Duchesnois, était allée à
Pétersbourg et s'y trouvait encore en 1812. Elle devait jouer Clytemnestre d'*Iphigénie en Aulide*, le
jour même où parvint dans cette capitale la nouvelle de la prise et de l'incendie de Moskow. M. Vé-
del, directeur actuel de la Comédie-Française, était
chargé du rôle d'*Achille*. Les comédiens français
redoutant des insultes et des violences, avaient sol-
licité la permission de ne pas jouer, mais l'empereur
Alexandre, arrivé dans la matinée, avait ordonné
que les représentations fussent continuées sans in-
terruption.

Le soir, quarante personnes à peine étaient dans

la salle, deux coups de sifflets seulement se firent
entendre ; les deux siffleurs étaient deux paysans
qui furent immédiatement arrêtés et conduits chez
le commandant de la place.

—Vous êtes ennemis des Français? leur dit-il.

— Oui.

— Eh bien ! il faut aller vous battre contre
eux.

Aussitôt il leur fit couper la barbe et les envoya à
l'armée.

Cédant, néanmoins, aux pressantes sollicitations
de la noblesse de Pétersbourg , l'empereur consen-
tit à la fermeture du Théâtre Français , mais il annonça que, quels que fussent les événemens, il ne
serait pas ouvert de cinq ans et il tint parole. Les
comédiens renvoyés de Pétersbourg , s'étaient réfu-
giés en Suède. Mais bientôt les ennemis de la

France s'étaient augmentés; le prince royal de Suède, Bernadotte, oubliant la patrie à laquelle il devait son nom et sa fortune pour ne s'occuper que des intérêts de sa patrie d'adoption, s'était réuni aux princes coalisés. Chassés encore une fois, les comédiens avaient regagné la France : mademoiselle Georges seule était venue à Dresde.

Calme en présence de l'orage qu'il voyait gronder sur sa tête, Napoléon avait repris dans le palais du roi de Saxe son train de vie accoutumé. Les dangers qui s'amoncelaient contre lui, semblaient avoir rajeuni, retrempé sa force d'âme, son activité. Donnant les nuits au travail, à cheval une partie du jour, passant des revues à Dresde ou dans les campagnes voisines, travaillant sans relâche à augmenter ses forces, il se préparait à soutenir la lutte terrible qui devait s'ouvrir bientôt. La France épuisa alors toutes ses ressources, et pour renforcer sa nouvelle Grande-Armée, Napoléon renonça à la conquête de l'Espagne, et en retira la plus grande partie des troupes françaises. Quoiqu'il vît tout se disposer pour une vigoureuse défense, il n'en paraissait pas moins attendre avec beaucoup d'impatience des nouvelles décisives du congrès de Prague. Chaque jour des courriers expédiés par le duc de Vicence venaient détruire ses dernières espérances ; tous les efforts des plénipotentiaires français, pour amener les puissances à céder sur quelques points de leurs dures conditions, n'aboutissaient qu'à d'insignifiantes modifications. Évidemment on n'avait voulu que gagner du temps. Les armées coalisées se renforçaient considérablement, non-seulement en nouvelles troupes et en armes, mais encore en officiers expérimentés venus de toutes les parties de l'Europe ; et Moreau, confondant dans sa haine jalouse la France et Napoléon, avait quitté les États-Unis pour prendre part aux opérations militaires contre la France. L'Autriche enfin, quoique ne se déclarant pas encore, faisait des préparatifs formidables.

Mal servi, contrarié souvent dans ses vastes projets par ceux de ses frères auxquels il avait jeté des couronnes, l'empereur ne pouvait cependant se décider à croire que les liens de famille n'eussent rien de sacré ; il se flattait encore que l'empereur François hésiterait avant de se prononcer, qu'il comprendrait que s'armer contre lui, c'était s'armer contre la couronne promise à son petit-fils. Cette illusion lui restait, il voulut en avoir le cœur net, et fit inviter M. de Metternich à venir à Dresde traiter directement avec lui.

M. de Metternich vint, et après plusieurs discussions orageuses dans lesquelles le diplomate autrichien, profitant de tous ses avantages, maintenait avec une froide impassibilité les conditions posées à l'ouverture des négociations, Napoléon, lisant dans sa pensée, lui dit avec colère :

— Combien vous donnent les Anglais pour vous déterminer à conseiller à l'empereur d'Autriche de se séparer de moi ?

M. de Metternich partit aussitôt ; c'en était fait de la neutralité de l'Autriche.

Au milieu de ses immenses travaux, de ses soins incessans, l'empereur trouvait le temps de s'occuper de son théâtre comme il l'avait fait quelquefois à Paris. Chaque soir, il commandait son spectacle pour le lendemain, et cela sans consulter aucunement les emplois et les distributions antérieures ; les rôles qu'on ne savait pas, il fallait passer la nuit à les apprendre, les répéter le matin, les jouer le soir, souvent pour recevoir, par l'entremise du préfet du palais, ce compliment assez rude :

—Vous avez parfaitement bien joué aujourd'hui pour les Allemands.

Talma étant arrivé, il fallut monter des tragédies. Mademoiselle Georges et Talma ayant seuls des costumes tragiques, il fallut en composer d'au-

tres avec les défroques trouvées dans le magasin
du théâtre de Dresde.

Saint-Fal dut un jour s'affubler d'un vieux cas-
que de carton doré qui ne lui tenait pas sur la
tête, et qui, cédant au premier mouvement un peu
brusque, alla se briser en morceaux à un pied de
la loge impériale.

— A la guerre comme à la guerre, dit l'empereur en riant aux éclats, tout cela n'ôte rien à la
beauté des vers de Corneille.

A Paris, Napoléon, à l'heure de son déjeûner,
recevait souvent la visite de Talma. A Dresde,
Talma, pour ne pas abuser des momens précieux
de l'empereur, s'était abstenu d'aller au palais. Il
fut averti que l'empereur le verrait avec plaisir, et
s'empressa de se rendre à une aussi flatteuse invitation.

— **Eh** bien! Talma, dit Napoléon! comment avez-vous laissé Paris.

— **Paris**, sire, espère en Votre Majesté, et désire vivement la paix.

— La paix, oui sans doute; moi aussi je la désire, mais ce que la France attend de moi, c'est une paix honorable, et c'est la seule que je veuille lui donner. Au surplus, Talma, je suis enchanté de vous avoir fait venir, de vous avoir vu. Savez-vous qu'avant votre arrivée, vos camarades nous donnaient parfois d'assez singuliers spectacles.

— Depuis mon arrivée aussi, sire; j'avoue qu'il me paraît un peu bizarre de faire figurer dans la tragédie la figure joviale de Michot, et de mettre des vers tragiques dans la bouche de Baptiste cadet.

— C'est vrai; mais la plus belle fille du monde ne peut donner que ce qu'elle a; heureusement que quand vous êtes en scène, vous savez nous faire oublier tout le reste, et j'avais besoin de vous entendre. Savez-vous, Talma, que les boulets commencent à me passer un peu près.

— La Providence, sire, veille sur les jours de Votre Majesté pour le bonheur de la France.

— La Providence tant que vous voudrez ; mais la Providence, depuis quelque temps, paraît un peu s'oublier. Savez-vous que le boulet qui a tué mon pauvre ami Duroc m'avait rasé la poitrine? Savez-vous qu'au combat sur l'Elbe, le 9 mai, un éclat de bois, arraché à la cloison d'un magasin à poudre, est venu m'abattre mon chapeau, et que s'il eût touché le ventre, c'était fini? Savez-vous qu'à la même affaire un obus a éclaté entre moi et un bataillon italien qui me suivait à vingt pas de distance? Savez-vous qu'à Reichenbach plusieurs boulets se sont enterrés à mes pieds, et que l'un d'eux a tué, à dix pas de moi, des soldats de l'infanterie légère saxonne? La Providence veille sur moi, si

vous voulez ; mais autrefois je faisais peur aux boulets : je ne les crains pas, mais ils paraissent com-
mencer à ne pas me craindre non plus.

— Tous ces dangers, auxquels Votre Majesté
échappe à chaque instant avec tant de bonheur,
prouvent qu'une main invisible protège son existence.

— Oui, je le crois, je suis encore nécessaire à la
France ; la Providence me laissera vivre pour achever mon œuvre. Je ferai la paix, si je puis la faire
avec honneur ; sinon, des chances immenses me
restent ; mes conscrits ont été admirables ; ils vont
au feu comme de vieux soldats. Ah ! si dans ce premier mois de campagne j'avais eu de la cavalerie,
ce n'est pas à Dresde que je serais en ce moment,
et peut-être, à l'heure qu'il est, je dicterais les conditions de cette paix qu'on me marchande. Mais,
Talma, je vous parle guerre, traités, canons, boulets, ce n'est pas là votre affaire. Empereur ou roi

sur la scène, les soucis de votre règne d'une heure finissent quand le rideau tombe, et je ne dois pas vous attrister en vous initiant aux douloureuses pensées qui m'oppressent. Pensons à autre chose, pensons au moment où j'irai vous applaudir à Paris, mieux entouré que vous ne l'êtes ici.

— Ah! sire, j'espère que ce sera bientôt.

— Et moi aussi, j'y ferai de mon mieux; en attendant, donnez-moi encore deux ou trois belles soirées et retournez à Paris. Si nous ne signons pas la paix, si la guerre doit recommencer, il ne faut pas que vous tombiez dans la bagarre d'une armée qui se met en mouvement.

En effet, le temps marchait avec une effrayante rapidité: le terme de l'amnistie fixée d'abord au 29 juillet avait été prolongé jusqu'au 10 août, et les négociations n'avaient pas fait un pas; tout s'était passé en vaines formalités. Le duc de Vicence, mal-

gré l'influence personnelle qu'il exerçait sur l'empereur Alexandre, n'avait rien obtenu.

Le 9, dans la soirée, les comédiens furent aver-
tis qu'ils devaient se mettre en route pour retourner en France. Leur départ fut une véritable fuite;
la frayeur de plusieurs d'entre eux était extrême,
Baptiste Cadet, en particulier, voyait partout des
ennemis, et jusqu'à Mayence des peupliers qui se
dessinaient à l'horizon lui parurent autant de lances
de cosaques.

Arrivé au dernier moment, Napoléon crut devoir se résigner à faire de grands sacrifices, et fit
porter ses offres à l'empereur d'Autriche par le
comte de Bubna qui avait continué à résider à
Dresde. Mais lorsque celui-ci arriva à Prague, le
terme fixé pour la durée de l'armistice était expiré
depuis quelques heures. Sous ce prétexte, l'Autriche déclara son adhésion à la ligue formée contre
la France, et la guerre recommença. Aux termes

de la convention , la reprise des hostilités devait être dénoncée huit jours à l'avance; dès le **12**, cependant, les armées coalisées avaient violé l'armistice en traversant le territoire neutre, en insultant les avant-postes français et en enlevant quelques vedettes. L'armistice expirait le **17**, et le **16** le chef de bataillon Guillery avait dispersé, avec **200** hommes de la division Charpentier, un corps russe qui l'avait attaqué au moment où il s'y attendait le moins.

Ainsi commençait cette malheureuse campagne de **1813**, dans laquelle tant de généreux efforts furent impuissans; elle n'avait pas encore duré dix jours, lorsque Moreau paya de sa vie sa trahison envers la France. Dans la journée du **27**, un boulet, parti d'une batterie de la garde, lui fracassa le genou de la jambe droite et lui emporta le mollet de la jambe gauche au moment où, placé derrière une batterie que les Français cherchaient à démonter, il s'entretenait avec l'empereur de Russie et lui soumettait ses observations. Moreau survécut jusqu'au

2 septembre à l'amputation des deux jambes. Le
30 août il avait écrit à sa femme cette singulière
lettre :

« Ma chère amie, à la bataille de Dresde, il y a
« trois jours, j'ai eu les deux jambes emportées par
« un boulet de canon. Ce coquin de Bonaparte est
« toujours heureux. On m'a fait l'amputation aussi
« bien que possible. Quoique l'armée ait fait un
« mouvement rétrograde, ce n'est nullement par
« revers, mais par décousu et pour se rapprocher
« du général Blucher. Excuse mon griffonnage ; je
« t'aime et t'embrasse de tout mon cœur. »

Moreau n'avait pas été une seule fois blessé pendant ses belles campagnes de la république.

INTRIGUES ET TRAHISON.

« C'était à la fin de 1813, les glorieuses et stériles
victoires de Lutzen, de Wurschen et de Bautzen,
n'avaient produit que l'armistice félon de Plesswitz
et la chambre ardente de Prague, où, sous le nom
d'un congrès qui ne fut jamais réuni, la France et
Napoléon avaient été condamnés. Le père de Marie-
Louise, au lieu de mettre, ainsi qu'il l'avait dit, ses
quatre cent mille hommes dans la balance fran-

çaise, les avait jetés dans celle de la coalition. Il
avait ainsi prononcé de lui-même l'arrêt de son
gendre et de son petit-fils. Vainement de nouveaux
miracles, enfantés par le génie et la bravoure de
nos soldats, décimèrent bientôt, sous les aigles irri-
tées de Napoléon, l'hydre de la coalition qui re-
naissait de ses blessures. Placés entre le royaume
d'Italie qui menaçait l'Autriche, et le royaume de
Naples qui menaçait la France, les États romains,
n'ayant environ que deux mille hommes de troupes,
le fort Saint-Ange, une quarantaine de tours mari-
times sans garnison, et une légion de gendarmerie
à opposer aux débarquemens britanniques et aux in-
surrections intérieures, ne présentaient aux autorités françaises qu'une hospitalité douteuse. Mais la
France était encore protégée par le souvenir de la
première gloire de Napoléon, que l'Italie gardait
toujours. Il s'agissait seulement de réunir contre
l'Autriche les deux drapeaux de famille qui flot-
taient sur les tours de Milan et de Naples ; de reprendre, avec les cent vingt mille hommes que le

roi Murat et le prince Eugène pouvaient mettre en marche, la route de Vienne, si bien connue d'eux, et d'opérer, sur le flanc gauche de la coalition, une diversion qui eût forcément détaché l'Autriche de ses nouveaux alliés. Rien n'était plus facile. C'était le devoir de Murat; c'était celui d'Eugène; c'était le salut de la patrie !

« Alors les cours de Milan et de Naples entretenaient une correspondance fort active. Les aides-de-camp du vice-roi, porteurs de lettres d'union les plus pressantes, traversaient Rome et attendaient, chez moi, leurs relais; ils me donnaient, en allant, les plus vives espérances ; mais ils me rapportaient de Naples des nouvelles moins rassurantes. Ces négociations, qui n'auraient dû être que des relations de bonne harmonie pour la conservation du foyer commun, avaient été constamment aplanies par le vice-roi. Ce prince se plaçait, lui et sa brave armée, composée de cinquante mille hommes tout au plus, sous les ordres du roi de

Naples ; et d'après ces démarches loyales et patrio-
tiques, dont j'avais la preuve presque chaque jour,
soit par ma correspondance particulière, soit par
les entretiens que j'avais avec les officiers-généraux,
avec lesquels j'étais constamment en relation,
Rome, je lui dois cette justice, ne doutait point
que l'armée napolitaine ne se mît promptement en
mouvement pour se réunir à l'armée italienne, et
porter enfin la guerre au sein des États héréditaires
de la maison d'Autriche. Rome se rappelait qu'un
mois auparavant, Murat, revenant de Leipzick in-
cognito, après la retraite de la Grande-Armée, sans
s'arrêter dans ses murs, avait dit aux gendarmes
de Valletri :

« — Vous allez me voir bientôt repasser ici avec
soixante-dix mille hommes, et nous jetterons les
Autrichiens dans la mer.

« Je me rappelais bien aussi ces propos guerriers du beau-frère de Napoléon, dont le capitaine

de gendarmerie m'avait informé le même jour ;
mais comme lord Bentinck, qui gouvernait alors
la Sicile, avait à résidence un envoyé à Naples, où
l'empereur d'Autriche avait également accrédité le
comte de Neipperg, le futur époux de Marie-Louise,
j'étais loin de partager l'opinion favorable des bons
esprits de Rome, dont aucun ne faillit à cette grande
épreuve de fidélité, moins sans doute par attachement pour la France, que par conviction. L'union
du vice-roi et de Murat leur paraissait commandée
par tant d'intérêts, et par une nécessité si urgente,
que, malgré les forfanteries et les proclamations
napolitaines appelant l'Italie entière à l'indépen-
dance sous l'égide de Murat, ils se refusaient à attribuer ces grands mouvemens militaires à tout
autre motif qu'à des ordres reçus de Napoléon lui-
même.

« L'honorable général Miollis, gouverneur des
États romains, bon Français, brave soldat, dont
l'entier dévoûment à l'empereur datait de ses ad-

versités, se refusait aussi, malgré l'évidence, à admettre de la part du roi de Naples d'autres sentimens que ceux qui l'animaient lui-même ; de sorte
que sa correspondance avec l'empereur et le ministre de la guerre, totalement silencieuse sur le
chapitre des inquiétudes que je recevais de Naples,
était toute confiante sur celui des espérances qu'il
tenait de sa propre loyauté ; ce qui produisait un
embarras réel à Paris, à la réception de nos dépê-
ches, si différentes par le fonds, sans causer un seul
moment, entre le gouverneur et moi, le moindre
refroidissement. Comme il était aussi sûr de mon
dévoûment à l'empereur, que j'étais certain du sien,
il n'attribuait qu'à l'excès de ce sentiment mes
doutes sur la fidélité du roi de Naples. Toutefois,
le malaise public se trahissait fréquemment par
les funestes nouvelles du théâtre de la guerre, que
ne réparaient plus les bulletins victorieux de Napoléon, et par les craintes malheureusement plus
sérieuses que répandaient les lettres des prêtres romains résidant à Vienne. La correspondance du

clergé effaçait par sa rapidité celle de nos estafettes,
qui, partant de Naples, et passant par Rome, portaient nos lettres à Paris en sept jours, et le quin-
zième nous rapportaient les réponses. Je n'ai jamais su comment ces prêtres s'y prenaient; mais
vingt fois j'ai eu, par eux, des nouvelles de France
un jour avant l'estafette.

« J'eus, à cette époque, le chagrin de faire connaître à l'empereur, malgré les espérances qu'il
nourrissait toujours sur les bons sentimens de son
beau-père, que l'*ultimatum* fatal de sa destruction
avait été de nouveau prononcé à Vienne, dans le
mois de novembre.

« Nous étions effectivement au plus mal. Le
prêtre Battaglia, comme pour soutenir l'honneur
de son nom, commandait dans la Sabine une insurrection armée. Murat s'était emparé d'Ancône,
et menaçait Bologne avec ses bâtimens armés par
nos arsenaux; et ses affidés annonçaient la pro-

chaine occupation de Rome par S. M. en personne, quand, le **28** novembre, Fouché, gouverneur de l'Illyrie, nous apparut tout-à-coup comme une espérance, à laquelle se rattachèrent les crédulités vulgaires; et au clergé, comme un véritable antéchrist annonçant la fin de notre domination.

« L'oratorien renégat, disaient les prêtres, le mitrailleur révolutionnaire, chassé de l'Illyrie par l'armée autrichienne, ne pouvait arriver à Rome que pour être le dernier fléau de ses habitans.

« Quant à moi, cette arrivée si inattendue me fit l'effet de l'apparition d'un spectre, à qui Fouché ressemblait si fort. Il me semblait être l'avant-coureur ou l'artisan de quelques grandes calamités. Des circonstances aussi graves que celles où nous nous trouvions, sur un sol qui tremblait sous nos pas, entre l'invasion de l'Autriche et la trahison de Naples, ne pouvaient être conjurées ni par la ruse, ni par l'intrigue, ni par cet arlequinisme politique dont Fouché égayait à Paris les salons de son ministère. Il y avait déjà bien assez de Pasquins à Rome; ce n'était pas le moment d'en introduire un de plus, et qui fût de notre nation; car autour de nous s'agitait un public qui pouvait, à la fin, prendre au sérieux sa propre gaîté, et échanger ses sarcasmes contre des poignards. L'impudence de Fouché m'était connue, et j'avais raison de la craindre comme la provocation d'un nouveau péril. Beaucoup de ceux qui avaient tué le général Duphot en **97** vivaient encore, et ils pouvaient, avec bien plus de raison, s'armer contre l'empire français, **qui** tombait de tous côtés, qu'ils ne l'avaient fait contre la république, alors que Napoléon, jeune et heureux, subjuguait l'Europe et Rome elle-même. Je m'attendais donc, de la part du duc d'Otrante, à la révélation d'une mission spéciale, tout au moins relative à l'évacuation de l'état romain. En effet, il en avait une qui devait en être le prélude prochain.

II

« En sa qualité de duc, de sénateur, d'ancien ministre et de gouverneur-général de l'Illyrie, Fouché était, de fait, le plus grand personnage qui fût
alors à Rome; car le général Miollis n'avait que le
titre de lieutenant du gouverneur-général, dont le
choix était resté caché dans la pensée de l'empereur. Il reçut donc la visite de ce haut fonction-

naire, de l'intendant-général des finances, du directeur-général de la police, du préfet de Rome et de l'intendant du trésor.

« Les trois premières autorités formaient le gouvernement des États romains ; il n'y manquait qu'un chef-d'état major-général , dont Napoléon avait très sagement fait l'économie, ainsi que du gouverneur en titre, comme d'un luxe peu en rapport avec la faiblesse de nos forces militaires.

« J'avais vu souvent à Paris le duc d'Otrante, et en le revoyant à Rome, je ne pus m'empêcher de rire, me rappelant qu'étant à dîner à Auteuil, chez madame de Brienne, avec lui et la princesse de Vaudemont, celle-ci, en sortant de table, l'avait mené devant une des glaces du salon, et lui ayant pris familièrement le menton, s'était écriée :

« — Mon Dieu ! mon petit Fouché, comme vous avez l'air d'une fouine !

« Le soir, je retournai chez Fouché pour lui faire part du désir qu'avait le comte Cavalli, premier président de la Cour impériale, de lui faire une visite solennelle à la tête de la magistrature.

« Il me répondit qu'il les recevrait le lendemain matin à dix heures.

« — Vous viendrez plus tôt, ajouta-t-il, et après la visite nous déjeûnerons.

« Puis il passa lestement, et sans transition, à un interrogatoire vif et saccadé sur les personnes et sur les choses du pays. Comme je me renfermais dans une sorte de réserve qui répondait mal à celle qu'il n'observait pas lui-même :

« — Je suis gouverneur-général de Rome, me dit-il ; vous le savez bien.

« — Oui, je sais que vous avez été nommé en 1810 ; mais le décret n'a pas eu son exécution, et vous étiez gouverneur en Illyrie.

« — Je le suis encore, puisque le décret n'a pas été rapporté..

« — Je vous assure que le général Miollis ne s'en doute nullement.

« Et il riait de ce sourire narquois, qui lui donnait cette ressemblence si bien trouvée par madame de Vaudemont.

« — De fait, reprit-il avec une sorte d'assurance, le bonhomme Miollis n'est que lieutenant du gouverneur-général des États romains; par conséquent il est sous mes ordres, ainsi que vous.

« — Je ne demande pas mieux; et lui aussi, sans doute, ne serait pas fâché, en de telles circonstances, de décliner la responsabilité. Mais, monsieur le duc, vous n'êtes pas homme à être venu ici sans un petit bout de décret.

« — Un décret! l'empereur a bien le temps de songer à ces misères-là. Il ne fait que des ordres du

jour et des sénatus-consulte. D'ailleurs, il sait bien
que ce qu'on a été une fois, on l'est toujours. Par
exemple, est-ce que vous croyez que je ne suis pas
encore son ministre?

« — Vous êtes précisément ici, monseigneur, sur
le terrain des *in petto*, et je vous crois ; mais alors,
faites-nous connaître votre position à Rome : elle
décidera de la nôtre. Je veux dire, repris-je avec un
accent tant soit peu diplomatique, la ponction des
habitans.

« Je voyais qu'il était temps de donner le change à
un texte qu'il ne pouvait plus soutenir ; et comme
on fait en pareil cas, je vins à son secours par des
généralités.

« Il s'en empara vite.

« — Les habitans ! qu'est-ce que cela leur fait ?

« — Beaucoup, apparemment, car votre présence

ici les occupe exclusivement. Enfin, ils voudront savoir pourquoi vous êtes venu.

« — Ils sont donc bien curieux, vos Romains ?

« — Oui, et très observateurs.

« — Malgré cela je ne les crois pas aussi malins que vous et moi.

« — Plus que vous ne le croyez ; je les connais depuis trois ans.

« — Et cependant vous les menez à la baguette.

« — Jamais cela n'est arrivé, même quand ils étaient chez nous, tandis qu'à présent ils savent tous que nous sommes chez eux.

« — Mais, excepté votre abbé Battaglio, ils ne bougent pas.

« — Ils attendent.

« — Parce qu'ils craignent.

« — Non, parce qu'ils espèrent : et ils seront tranquilles dans Rome jusqu'au dernier moment. Moi, qui ai le ministère terrible, je continue, comme l'année dernière, à me promener seul, la nuit, du côté de Trasterere.

« — Je vous en fais mon compliment. N'est-ce pas là que sont les anciens Romains ?

« — A ce qu'ils disent.

« — Moi je ne m'y fierais pas.

« — Eh bien ! si votre excellence a plus de confiance dans les nouveaux, je lui propose de l'accompagner une heure, au clair de lune, au Colysée. C'est classique à Rome.

« — Au Colysée, la nuit ! sous ses arcades à perte de vue, à je ne sais combien d'étages ! J'ai vu cela

en passant ce matin ; c'est à peine si j'y retournerais
en plein jour. Diable ! directeur, comme vous y allez ; me mener la nuit dans ces ruines !

« — A Paris, je traversais bien, la nuit, seul, à
pied, le Carrousel et la place Louis XV.

« — Vous êtes plus heureux que moi ; je n'y étais
pas tranquille dans ma voiture.

« — Je suis bien fâché que vous vous priviez d'un
des plus beaux spectacles de Rome, le Colysée au
clair de lune. Vous y entendriez des Allemands chan-
ter des strophes mélancoliques.

« — Des Allemands ! il ne manquerait plus que
cela ; j'en ai encore plein les oreilles. J'aime mieux
me coucher. A demain, directeur-général, à neuf
heures et demie. Nous bavarderons avant l'arrivée
de la cour.

III

« **Le** lendemain , j'étais chez le duc à l'heure convenue, en grande tenue, pour la présentation solennelle que je devais lui faire, et je lui annonçai la visite de la magistrature pour dix heures précises.

« — Fouché était venu à Rome avec toute sa famille dont il ne se séparait jamais ; la paternité était sa vertu favorite, sa seule vertu. Ce n'était pas assez, pour un homme d'état, d'être un excellent père de famille. Il ne s'était réservé, dans l'hôtel, qu'un médiocre appartement composé d'une petite antichambre, d'un petit salon et d'une chambre à coucher. Ce fut dans l'antichambre que je le trouvai. Rien ne peut peindre le costume matinal du duc d'Otrante.

« En le voyant revêtu de sa chemise de nuit, à travers laquelle se faisait jour un gilet de flanelle, qui enchâssait largement son cou décharné, et d'un pantalon de molleton jauni dont les pieds se perdaient dans des pantouffles verdâtres et éraillées, et au-dessus de tout cela ce visage de vieux Albinois, je ne pouvais reconnaître cet homme qui avait remué la France, fait marcher en Belgique, en 1809, le maréchal Bernardotte avec une armée; et qui, l'année suivante, poursuivant ses essais sur le pouvoir impérial, avait, à l'insu de l'empereur, envoyé un négociateur à Londres, etc.

Jamais je n'avais vu l'homme de si près. Ce souvenir, je l'avoue, me fut pénible. Le reste de son costume était à l'avenant : son bonnet de coton était sur la cheminée, à côté d'un morceau de savonnette, dont la boîte rouge figurait près d'une cuvette : lui-même il repassait, sur un mauvais cuir, un vilain rasoir qui sentait son oratorien, et il allait tondre sa barbe rare et du même teint que son visage, devant un petit miroir accroché à la fenêtre.

« Il était impossible de voir rien de plus ignoblement laid que ce grand personnage, préludant ainsi à sa toilette, au moment où il attendait la première cour du gouvernement général des États romains.

« — Ah! bonjour, directeur.

« — Avez-vous bien dormi, monseigneur?

« — Pas trop, vos diables d'Allemands qui chan

tent au Colysée, votre clair de lune, tout cela m'est revenu.

« Et il repassait toujours son rasoir.

« Les trois quarts sonnèrent.

« J'avais dans la tête un autre cauchemar, la visite magistrale. Lui n'avait pas l'air d'y songer.

« Sur l'observation que je lui fis que sa toilette était peu avancée, et que la cour impériale serait chez lui dans un quart-d'heure, il me répondit en promenant son morceau de savon autour de sa figure :

« — Si elle vient, il ne faut pas la faire attendre.

« Et enfin quand il eut mis autant de temps à se savonner qu'il en avait mis à repasser son rasoir, il commença son opération.

« Il avait la moitié d'une joue débarbouillée par le rasoir, quand dix heures sonnèrent. J'étais au supplice; l'autre joue était encore intacte, on frappa à la porte.

« — Entrez, dit-il en entamant la joue écumante de savon, entrez.

« Et dans l'espoir que ce n'était qu'un simple visiteur, j'ouvris la porte : mais c'était le premier président Caralli avec sa majesté toute sénatoriale et son flegme piémontais ; c'étaient le procureur-général impérial Legonidec, les présidens de Chambre, les juges, enfin toute la dynastie judiciaire en grand costume.

« Le premier président s'adressa naturellement à moi pour savoir si son excellence était en disposition de recevoir la cour : il avait pris, d'instinct, pour le frotteur, cet homme en chemise qui se rasait à la fenêtre, et qui aurait bien pu me charger de faire attendre la cour dans le salon. Mais Fouché avec ce cynisme vulgaire qui le caractérisait :

« — Le duc d'Otrante, messieurs, c'est moi.

« Et sans leur dire un mot d'excuse sur le négligé de son costume, le rasoir d'une main, la moitié du visage couvert de savon, il ajoute :

« — Je suis bien aise de vous voir.

« Les autres en étaient très fâchés, et le surcroit de gravité qui se peignit tout-à-coup sur la figure du premier président, me prouva qu'il prenait cette réception comme une injure personnelle à lui et à la cour impériale.

« — Nous sommes désespérés, monseigneur, lui dit-il, d'être arrivés dans ce mauvais moment, et de vous gêner au milieu d'une occupation où toute visite peut paraître importune.

« — Vous ne me gênez nullement, j'aime mieux vous voir que de vous faire attendre.

« Et sans s'embarrasser de la situation de la cour et de la sienne.

— Eh bien ! qu'est-ce que c'est, premier prési-

dent? le directeur général de la police vient de me
dire que vous étiez en querelle avec le préfet, parce
qu'il veut vous prendre votre palais de justice pour
y mettre sa préfecture. Bah ! c'est une bagatelle. Il
ne manque pas de locaux à Rome pour y transpor-
ter vos tribunaux.

« Caralli, qui goûta peu cette observation, lui
répondit que le palais de justice avait été consacré,
par les anciens Romains, à son usage actuel, et
qu'il avait conservé le nom de cette antique destination, celui de *Monte Citorio*, par abréviation
pour *Citatorio*.

« — Ah ! oui, j'entends bien, le mont où l'on
citait les accusés ?

« — Précisément.

« — Eh bien, le préfet y citera les conscrits, ça
ne fait rien, tout le monde a besoin de l'adminis
tration.

« — Et de la justice aussi.

« — Sans doute, mais la préfecture, c'est plus journalier, et elle est placée hors des besoins communs, sur le Quirinal. C'était bon quand le pape était dans son palais, il avait son monde près de lui. Comment appelez-vous cela?

« — La Sagra Consulta.

« — Eh bien! oui, il avait sa consulte sous la main. D'ailleurs, pourquoi êtes-vous embarrassés pour un local? il y en a à choisir à Rome.

« — C'est ce que nous disions à monsieur le préfet.

« — J'entends bien, mais lui, il n'entend pas de cette oreille là ; il est le magistrat de la ville.

« — Et moi du pays, dit sèchement le Piémontais.

« — Tenez, c'est se disputer pour des mots. Savez-

vous ce que vous avez à faire? le voici: Il y a auprès
de Rome une vieille église de Saint-Paul, qui est
une forêt de colonnes; il faut des colonnes au temple de la justice. Eh bien! prenez-moi toutes ces
colonnes-là, placez-les au milieu d'une de vos grandes places, et voilà un temple de justice tout fait,
bien plus beau que votre Mont-Citateur. N'est-ce
pas, directeur-général?

« Je répondis en riant :

« — J'en parlerai au préfet et à monseigneur
Atanasio.

« — Qu'est-ce que c'est que ce monseigneur?

« — C'est le pro-vice-gérant, qui remplace le
pape.

« Pendant ce petit *à parte*, la cour, muette, sa-
luait et se retirait.

« Une heure après, l'anecdote courait la ville, et
la ville disait : *E un arlechino questo duca.*

« Fouché avait fait quelques pas pour reconduire la cour, mais la porte s'était déjà refermée.

« — Ils n'ont pas l'air trop contens de mon Palais-de-Justice, directeur, me dit-il en se lavant la figure.

« — Pas trop, et vous allez vous en laver les mains.

« — C'est vrai, que diable aussi vont-ils se disputer pour leur Mont-Citateur?

« — Vous ne savez pas ce que c'est que le *Chiacchera di Roma?*

« — Non, qu'est-ce encore?

« — C'est ce que vous appelez à Paris le bavardage des salons, des cafés, des boutiques. Eh bien! à Rome, c'est bien pire qu'à Paris ; ici on est rieur de race, de tempérament, bien plus qu'en France, et on a l'habitude de plaisanter tout haut de tout le monde.

« — Il faut empêcher cela, directeur, c'est votre affaire.

« — Si je voulais l'empêcher, on se moquerait de moi, et si j'y parvenais, je ne saurais rien ; les Romains font ma police gratis. Et, tenez, si vous voulez me faire l'honneur de venir ce soir chez moi, vous vous en assurerez par vous-même ?

« — Ce soir, c'est trop tôt, après la visite de la cour.

« — Ah ! je ne réponds pas que, dans le même salon où nous serions, il n'y eût un coin où on n'en parlât.

« — Raison de plus pour attendre.

« Le duc s'étant habillé, nous allâmes dans la salle à manger où sa famille s'était réunie.

« On se mit à table.

« Fouché avait à sa droite sa fille, charmante personne ; il me plaça à sa gauche. Les autres places étaient occupées par la gouvernante, qui avait peu l'air d'une maîtresse de maison, par deux de ses fils, et un ou deux secrétaires. Une seule place restait vide, celle vis-à-vis la sienne.

« — Où est M. le comte? dit-il d'une voix forte. Qu'on aille l'appeler.

« — Qui est le comte que vous attendez? lui dis-je.

« — Le comte d'Otrante.

« — Ah! c'est juste.

« Le comte d'Otrante arriva tout désolé ; il venait de perdre sa montre. Il l'avait cherchée partout : c'était la cause de son retard.

« — On m'a volé ma montre, dit-il.

« — On a volé la montre de mon fils ; directeur, il faut faire arrêter tous les gens de l'hôtel.

« — Il s'agit d'abord de savoir si votre fils est

sorti de sa chambre avec sa montre. et où il a été.

« — J'ai été en certain lieu.

« — Peut-être y est-elle tombée, dis-je.

« — Non, non, dit le duc ; on l'a volée, c'est sûr : faites arrêter tous les gens de la maison.

« — Je vais en faire appeler le maître, qui est un fort honnête homme, et qui répond de ses serviteurs.

« Le maître vint, et répondit d'eux.

« — Il faut que la montre de mon fils se retrouve, dit le duc en fureur.

« Je fis signe à l'aubergiste de sortir.

« — Vous croyez cet homme ? reprit-il.

« — Oui, sans doute, je le connais depuis trois ans, et je n'ai jamais eu de plaintes sur sa maison ; les étrangers se sont loués de lui constamment.

« — Oh ! si Pâques était ici ! Vous vous rappelez

ce patagon qui était l'assesseur de mon juge de paix, à l'entresol, dans l'escalier du ministère.

« — Non, je ne l'ai jamais vu.

« — Eh bien! cet homme-là me terminait de suite mes petites affaires. Je faisais arrêter un monsieur et on le menait chez mon juge de paix. Si, sur son interrogation, l'autre ne voulait rien avouer, le juge de paix m'envoyait un petit mot. Alors je demandais, j'appelais Pâques, et lui disais : *Donnez la main à monsieur*. L'autre donnait sa main avec confiance. *Tenez-le bien,* disais-je à Pâques. Alors je renouvelais la question sur laquelle il s'obstinait à rester silencieux ; et comme il persistait, je faisais signe à Pâques, qui la lui serrait soudain comme dans un étau, et aussitôt l'autre avouait.

« — Mais cela s'appelait jadis la question.

« — Le sens ne fait rien à la chose. L'homme avouait, et j'avais mon affaire. Vous avez vu cet honnête aubergiste, eh bien! si j'avais emmené

Pâques avec moi, M. le comte aurait déjà sa montre.

« — Je procéderai autrement. Le commissaire de police de cet arrondissement me fera un rapport détaillé sur chaque serviteur de cet hôtel, sur le maître et sa famille, et je le mettrai sous vos yeux. Je pense. toutefois, d'après ce que nous a dit M. votre fils. qu'il serait plus sûr de faire certaines recherches dont il est peu agréable de parler à table.

« — A mes frais ?

« — Sans doute. Bien qu'ils puissent, à la rigueur, être pris sur ceux de la police secrète, ajoutai-je.

« Ainsi se passa le déjeûner.

« Je n'étais pas sorti de la maison, que cette nouvelle anecdote doublait déjà celle de la cour impériale, et Dieu sait avec quels commentaires. Fouché donna une belle matinée aux faiseurs de ca quets de la ville. L'épisode de Pâques n'y fut point oublié. Un valet de la maison qui servait à table, et qui comprenait le français, alla bien vite raconter l'aventure aux oisifs de la place d'Espagne, où logeait la famille d'Otrante. C'était débuter à Rome sous de fâcheux auspices.

FIN DU TROISIÈME VOLUME.

TABLE

	Pag.
Devant Saint-Jean-d'Acre	1
La machine infernale.	39
Le sabre de pain d'épices.	65
Une conversation de Napoléon	141
Trigaud et Kobilinski.	155
Une audience a Grenoble.	185
Le maitre de poste de Rouvray	201
Les Prussiens a Dinan.	215
Dalouzy.	229
Armistice de Dresde.	249
Intrigues et trahison.	281